百姓の力

江戸時代から見える日本

渡辺尚志

角川文庫
19520

百姓の力　江戸時代から見える日本

目次

第一章　江戸時代の村と現代社会

村を研究するということ

日本の近世、すなわち江戸時代の村社会とはどのような社会だったのでしょうか。本書では、所有の問題を重視しつつ、小農《しょうのう》（小百姓）・豪農《ごうのう》（上層百姓）・村（村落共同体）・地域社会の四者に焦点を合わせることで、このテーマを読み解いてみたいと思います。

そのためにはまず、くずし字が読めなければなりません。江戸時代の古文書《こもんじょ》は、くずし字で書かれているからです。しかし本書では、その読み方については扱わないことにします。くずし字読解については、すでに柏書房などから優れたテキストが出ています。興味のある方はそちらを参考にしてください。本書はくずし字読解の一歩先、すなわち古文書を読んで村や地域の歴史を調べ、研究してみようとする方々の参考になるようにと願い、まとめたものです。

本文中には南関東や信濃国《しなののくに》（現、長野県）の事例が頻繁に出てきますが、それは私が同地域の古文書を比較的多く見てきたからにすぎません。同様に、どこにお住まいの方でもその地域に即した研究ができることは、村社会研究の強みといえるでしょう。なぜなら古文書は、全国いたる所に、それぞれ特色あるものが数多く残されているからです。

反面、村社会研究には難しさもあります。江戸時代に六万三〇〇〇以上あった村々のすべてが、違った固有性をもっていたからです。ひとくちに村といっても、それぞれがかけがえのない個性をもっていたのです。逆にいえば、その個性的なあり方を明らかにすることこそ、村社会研究の大きな目的でもあるというわけです。

一方、村々の間にはある程度の共通性が見られるのも事実です。その共通性に着目して、異なる地域の村々を比較したり、いくつかのグループに分けてそれぞれの特質を考えたりすることも必要です。全国的な視野のもとで村社会について考えることができれば、それぞれの村の個性を照らし出すことにもつながるでしょう。

一つひとつの村の個性を大切にすることと、広い視野に立って一般化を図ることは、車の両輪のごとく、どちらが欠けてもいけないのです。

江戸時代と現代との距離

現代の日本は都市化が進み、国民の多くは農業や農村とは縁遠い生活を送っています。その反動でしょうか、自然回帰志向が強まり、庭やベランダで草花を育てたり、家庭菜園で野菜を栽培したりする人も多いようです。しかしいうまでもなく、それらは江戸時代の農業とは大きく異なっています。同様に、農村に旅して里山や棚田の景観にふれても、私たちは旅行者としてその美しさに感嘆することはできるものの、それを維持するための苦労にまでは、なかなか思いいたりません。

そもそも今日の農作業は、江戸時代におけるそれとは大きく変わっています。まず、現代は大幅に機械化されています。次に、近代以降の耕地整理によって、水田や用水路・排水路の形状が大きく改変されています。それにともない、農村における社会関係のありようも大きく変貌《へんぼう》しました。今、農村に生まれ育ったからといって、江戸時代の村人の暮らしや気持ちをまるごと理解できるほうが不思議でしょう。

江戸時代の村のすがたを理解するためには、やはり当時の村人たちが書いた古文書をひもとく必要があるのです。

また、村を理解するためには、多様な方法を併せ用いることが重要です。古文書を調べるだけではなく、実際に村を歩き、地図と見比べて地理的環境を確認する、江戸時代に造られた建物や、墓碑・石地蔵などの石造物、書画などの美術品を調査する、今も伝わる民俗行事を見学する、お年寄りから聞き取りをする、などです。

江戸時代の古文書が村に残されている場合は、明治以降の文書とともに残っているのが普通です。江戸時代のものだけということは少なく、また文書とともに書籍が所蔵されていることも珍しくありません。その際には、まず分け隔てなくそれら全体を調査・整理し、そのうえで各自の関心に見合う古文書を読み込むのが順序です。近代以降の文書や書籍類も、江戸時代の村を知るための貴重な史料であることを忘れてはなりません。

なお、みなさんが未整理の古文書に遭遇したときのために、巻末に調査法に関する参考文献をあげておきます。

江戸時代の村を調べる意義

農村部も含めた今日の社会が、江戸時代の村社会と大きく変わったとしたら、今に生きる私たちが江戸時代の村を調べる意義は、どこにあるのでしょうか。

私は、大きく分けて二つあると考えています。

一つは、私たちは江戸時代の社会の特質を深いところで受け継いでいる、という認識です。現代社会のある部分は、やはり江戸時代の社会の延長線上に生まれています。たとえば現代の日本人の代表的な行動特性に、狭い人間関係のなかでの評価には非常に敏感であり、過剰なほどまわりに気を遣うという点があげられます。会社や学校などの小さな社会のなかで、自分の本心を隠してでも周囲から浮かないことを心がけ、場の空気を読んで行動し、集団の和を重視するのです。

ところがその世間を一歩出ると、とたんに周囲には無頓着《むとんちゃく》となってしまいます。タバコのポイ捨てや電車内での携帯電話、人前での化粧など、何とも思わなくなってしまうのです。こうした日本人の行動パターンは、狭い村が世間そのものであり、そこから排除されることが即生活基盤の崩壊につながった、江戸時代の村人たちの暮らしから生まれてきたという側面があるのではないでしょうか。

社会が大きく変化しても、その基層には連綿と流れるものがあるはずです。それを認識せずに、自らを客観視することはできません。農業社会から工業社会、高度情報化社会へと移り変わっても、それは過去の全否定ではないはずです。変化とは、前社会の特質に規定されたうえに起こる現象だからです。大企業の組織形態を含む現代人のライフスタイルにも、まったく無縁に見える江戸時代の村の原理が、実は密《ひそ》かに、あるいは色濃く、息づいているに違いありません。

今を生きる私たち自身を知る。一見遠回りに見えますが、江戸時代の村を振り返る第一の意義は、ここにあるのではないでしょうか。

過去の鏡に現代を映し未来に活かす

江戸時代の村を調べる二つめの意義は、かつて存在し、現代では失われてしまったもののなかから価値あるものを救い出し、未来において再生させるということです。

江戸時代の村における人間関係は、今日に比べてはるかに濃密でした。プライバシーがないに等しいような関係は煩わしく思われがちですが、それも今日的な見方です。当時の人々にとっては好むと好まざるとにかかわらず、そうした関係を受け入れなければ村社会で生きてはいけませんでした。

もっとも当時の村の社会関係には、今日から見て積極的な意味をもつ要素が少なくありません。たとえば農業にとって不可欠な耕地は、江戸時代には、個々の百姓のものであると同時に、村全体の共有物とも考えられていました。村内のすべての耕地は、村全体の共有財産でもあったのです。そのため、誰かが没落して耕地を失うような危機に陥れば、村は積極的に、救いの手を差しのべました。一軒の百姓の没落は、ほどなく他の百姓にも影響し、ひいては村全体の衰退にもつながったからです。村全体のものである耕地を保全するために、村人たちは互いに助け合っていたのです（詳しくは第四章をみてください）。

他にも、江戸時代の村は、村人のために多様なセイフティネットを用意していました。

このような土地所有のあり方は、今日とは対照的です。現代社会では私有と共有は異なるものとして明確に区別されており、他者の干渉を排除して対象を独占することを「私有」ととらえています。私有地は、自分の思いのままに利用・処分できるものと考えているのです。そうした考え方は、土地投機の過熱を容認し、「土地バブル」や「地上げ」を生み出す土壌となったのではないでしょうか。土地——広くいえば自然環境——は共有財であるという江戸時代の考え方に、私たちはもっと学ぶべきではないかと思うのです。

今日、規制緩和と自由競争、優勝劣敗の原理が社会を限なく覆《くま》い尽くそうとしていますが、はたしてそれは、人々を幸せにしているでしょうか。貧富の差が拡がり、一部の人だけが制約なしに私有を拡大している状況を見直すためにも、江戸時代における所有のあり方に目を向けることは意義深いことだと思うのですが、いかがでしょう。

このように、自分と社会のすがたを見つめ直そうとするとき、江戸時代という鏡に自らを映すことによって、現在の問題点がくっきりと浮かび上がることがあるのです。すでに失われた良きものを、現代にふさわしいかたちで復活・再生させる作業を通し、より良い未来を築いていくことができるに違いありません。

以上二点、江戸時代の村を調べる今日的意義について述べました。前者は江戸時代と今日とのつながりに着目し、後者は現代とは異なる江戸時代の固有性を見るものです。視点は異なりますが、両者はけっして矛盾するものではありません。二つの視点を複眼的に用いることで、江戸時代と現代との関わりが、より深く理解できるようになるのです。

遠くて近い江戸時代

この二つの視点は、江戸時代の村社会研究に限らず、どの時代、どの地域の歴史研究についてもいえることです。ですが江戸時代の村の場合には、とりわけよく当てはまるのです。それは江戸時代が、現在からそれなりに遠く、同時にある程度近い過去だからです。

江戸時代が終わりを迎えてから、すでに一五〇年近くが過ぎています。江戸時代に生まれて今日まで生きている人は、誰もいません。その程度に江戸時代は遠くなっており、それだけ現代を相対化する鏡としての意味をもつようになっています。一方で、江戸時代は私たちや現代社会と直接つながってもいます。お寺や家に伝わる過去帳や墓石、あるいはお年寄りの話などを通し、江戸時代までなら先祖を遡《さかのぼ》ることができるという人は少なくないでしょう。その程度に、江戸時代は近くもあるといえるのです。

このように、江戸時代は遠くもあり近くもあるからこそ、現代とは異なる「異文化社会」としての一面もあれば、現代人の「直近のルーツ」として親しみやすい一面もあるのです。遠さと近さが適度なバランスを保ち、併存している。それが江戸時代だといえるでしょう。

さらに私たちの大部分は、先祖をたどると江戸時代の百姓に行き着きます（もちろん、私もそうです）。江戸時代には、人口の約八割が百姓の身分でした。今日、江戸時代といえば、支配者たる武士の行動や華やかな江戸町人の暮らしばかりがクローズアップされているようです。しかし実は、社会の圧倒的多数者だった百姓の行動様式や思考パターンこそが、当時の社会の常識や趨勢《すうせい》をかたちづくっていたのであり、今日にいたるまで大きな潜在的影響力をおよぼしているのです。

ここにもまた、江戸時代の村を知ることの特別な重要性を見出《みいだ》すことができるでしょう。

平均的な村のすがた

村は、江戸時代におけるもっとも普遍的かつ基礎的な集団でした。それは百姓たちが生活と生産を営む場であり、同時に領主が百姓たちを把握するための支配・行政の単位でもありました。

江戸時代における全国の村の数は、元禄《げんろく》一〇（一六九七）年に六万三二七六、天保《てんぽう》五（一八三四）年に六万三五六二でした。現在の全国市町村数は約一七〇〇ですから、単純に平均して一つの市町村に江戸時代の三七程度の村が含まれていることになります。現在も市町村のなかにある「大字《おおあざ》」は、江戸時代の村を引き継いでいるケースが少なくありません。

一八～一九世紀の平均的な村は、村高（村全体の石高）四〇〇～五〇〇石、耕地面積五〇町前後、人口およそ四〇〇人でした。今日の市町村と比べてずっと小規模でしたから、そのぶんそこに暮らす人々の結びつきも、今日よりもはるかに強いものだったでしょう。農作業から冠婚葬祭にいたるまでの日常生活全般に関し、村人同士で助け合い、また規制し合っていました。江戸時代の村が、村落共同体だといわれるゆえんです。

江戸時代は石高制の社会とされています。大名・旗本など武士の領地の規模も、百姓の所持地の広狭や村の規模も、いずれも石高によって表示されました。石高とは、田畑・屋敷地などの基準生産高（年貢高とする説もある）を、玄米の量で表したものです。通常、畑や屋敷地には米を作りませんが、作ったと仮定してこれらの土地にも石高を設定したのです。

石高は、豊臣秀吉《とよとみひでよし》をはじめ、幕府・大名らが行なった土地の調査「検地」によって定められ、単位は容積を示す石・斗・升・合・勺・才で表示されます。一石＝一〇斗、一斗＝一〇升、一升＝一〇合、一合＝一〇勺、一勺＝一〇才です。一升瓶が約一・八リットル入りであることは、現在でも日本酒の量り方などで知られています。つまり一石は約一八〇リットルとなり、米一石の重さは約一五〇キログラムです（検地や石高については、第四章で詳述）。

また江戸時代には、土地の面積を表す単位として町・反（段）・畝・歩が用いられました。一町＝一〇反、一反＝一〇畝、一畝＝三〇歩です。一歩＝一坪であり、これは一間（約一・八メートル）四方の面積を示します。およそ畳二畳分です。一畝は一アール（一〇〇平方メートル）、一反は一〇〇〇平方メートル、一町は一ヘクタール（一〇〇メートル四方）にほぼ相当します。ごくおおまかに言って、一反の土地からは一石強の米がとれると考えれば、一町の土地からは米一〇石強が収穫できたことになるのです。

第二章　なぜ村に古文書が大量に残されたのか

古文書を手に取ってみよう

みなさんは、古文書に触れたことがありますか。博物館の展示ケース越しではなく、実際に手に取ったことがあるでしょうか。

古文書から歴史を調べるには、古文書を手にしなければはじまりません。ではどこに行けば古文書に触れることができるのでしょうか。大ざっぱに言えば、①古文書が作られた村に行って見せてもらう、②文書館・図書館・博物館などの史料保存利用機関で閲覧する、のいずれかです。

①には、江戸時代の村役人の子孫のお宅などに所蔵されているもの（個人蔵文書）と、区（江戸時代の村を継承して、大字などを単位に設けられた自治組織）などの団体が所有しているもの（区有文書など）とがあります。いずれの場合も②とは異なり、

第三者への公開を前提にはしていませんから、見せてもらう場合には、しかるべき手順を踏んで所蔵者の許可を得なければなりません。また、文書群が未整理だった場合には、まず全体を整理し目録を作成してから、目当ての古文書を調べるというのが順序です。

②は、もともと村で作られ保存されてきた古文書が、おもに太平洋戦争以降、各機関に収蔵されるようになったものです。この場合は各機関を訪ねて古文書の目録を検索し、見たい文書の閲覧を請求することになります。

古文書が江戸時代に急増した理由

ここまでは、江戸時代の村々で多数の古文書が作られ残されてきたことを、当然の前提として話を進めてきました。しかし実はそれ自体、日本の歴史のなかでは画期的なことだったのです。

中世までに作られた文書の総量は、近世とは比較にならないほど少ないものでした。なかでも一般庶民の作った文書は、ほんのわずかしか残されていません。時代を遡《さかのぼ》るほど文書が散逸する確率が高くなるのはあたりまえですが、中世以前の文書が今日まであまり残っていないのは、もともと文書の作成量自体が少なかったからです。しかし江戸時代に入ると、村人たちは自らの手で、それも頻繁に文書を作るようになりました。江戸時代の古文書が急増するのはそのためです。庶民が書いたものから直接その行動や考えをうかがえるのは、江戸時代を研究する者の最大の喜びといっていいでしょう。

ではどうして江戸時代になると、文書の総量、とりわけ庶民が作った文書の量が急増したのでしょうか。

第一に、兵農分離（士農分離）の影響があります。それまでは農村に住み、農業にも携わっていた武士の多くが、近世初期頃から城下町に集住するようになりました。これによって武士と百姓は、支配身分と被支配身分という身分だけでなく、居住空間的にも分かれていったのです。中世においても兵と農はある程度分かれていましたが、江戸時代には格段に明確化しました。その契機となったのは、大名の転封《てんぽう》（領地替え）や検地・刀狩です。

その結果、武士と百姓のやりとりにはもっぱら文書が使われることになりました。領主である武士と領民である百姓との関係が、人格的・直接的なものから文書を介した間接的なものに変わった、ともいえるでしょう。百姓たちは武士に対して自分たちの既得権や利益を守るため、あるいは村運営をスムーズに進めるため、文書を読み、作り、かつ保存する必要に迫られたというわけです。

領主の法令および命令は、城・陣屋のなかにある役所や、江戸の屋敷から、手書きの文書として領内の村々に伝達されました。文書を回覧する村の順番はほぼ決まっており、受け取った村の名主（庄屋）は読み終えるとすぐに次の村へ送りました。その際、備忘のために、手元の帳面に内容を写し取っておくのです。この帳面は「御用留《ごようどめ》」と呼ばれています。御用留には領主からの通達だけでなく、ときには村から領主に宛てた上申文書も控えられました。また上申文書の控えだけをまとめた「諸願留《しょねがいどめ》」などと呼ばれる帳面が、別に作られることもありました。

兵農分離に関しては、少し補足が必要かもしれません。武士と百姓の中間的な身分・性格をもつ人が存在するなど、武士と百姓の間には流動性があったからです。江戸時代にも、村に住む武士身分の者（郷士《ごうし》）は各地にいました。また後期になると、勤務精励や献金などの功により、村役人層（名主・組頭などの村の代表者。基本的には百姓身分）のなかにも苗字《みようじ》を名乗ることや、大小の刀を差すことを許された者が増えていきます。また能力や財力を認められて、百姓から武士に取り立てられる者もいました。そうでなくても、足軽などとして武家屋敷に奉公している間であれば、百姓でも武士に準じる地位を認められていたのです。

もっとも、これをして兵農分離などなかったというのは極論です。中世と比べて近世には、村に住み農業を営む武士の数はぐっと減りましたし、身分間の格差もより明確化されました。中間的な領域や相互の流動性という柔軟な要素を含みつつ、兵農分離は江戸時代の社会の基本的特質をなしていたのです。

次に文書量急増の第二の要因として、商品・貨幣経済の発達があげられます。百姓でも売買・貸借に関わる機会が増え、契約の際に証文が作成されたり、日々の生活や生産活動を記録に残すようになりました。売買・貸借の頻度が低いうちは、相手も同じ村の親しい者や親類などに限られていました。それなら口頭での了解だけで十分だったことでしょう。しかし、経済行為の頻度が上がると、離れた村の人や親しみのない人とも契約を結ばなければなりません。そこで文書を取り交わし、契約内容を明確にしておくことで、後日のトラブルを防ぐ必要が生じたというわけです。

このように、民間で大量の文書が作成されたことをはじめとし、江戸時代には総じて情報量が増大しました。情報流通範囲も拡大の一途をたどり、それにともなって多種多様な情報が文書に載って飛び交ったのです。

古文書、それも庶民の手によるものが数多く残されているのは、政治体制の変化と経済社会の発展、両方によるものであることがおわかりいただけたと思います。

旺盛だった村人たちの学習意欲

文書量増大の背景として、忘れてはならないことがもう一つあります。庶民の識字率の上昇です。江戸時代になると、庶民も寺子屋（手習所・手習塾）で読み書きを学ぶようになったのです。

明治八（一八七五）年における学齢人口（六〜一三歳）の就学率は、男子五四パーセント、女子一九パーセントとなっています。全国の寺子屋は、明治八年までに一万五五〇六校以上が開設されましたが、時期的には一七八〇年代から増加傾向が顕著になり、一八三〇年代以降急増しています。

一九世紀には一軒の寺子屋に、平均して男子四二・九人、女子一七・三人の子供が在籍していました（石川松太郎《いしかわまつたろう》氏による）。在籍期間は、七、八歳から数年間というのが平均的です。その教育内容は「読み・書き・そろばん」といわれるように、読書と習字を基本としています。さらに二五パーセント程度の寺子屋では、計算も教えていたのです。

先にあげた就学率を高いとみるか低いとみるかは両様でしょうが、傾向として江戸時代における識字率・就学率の上昇は顕著であり、その水準は世界的に見ても相当高かったようです。もちろん、当時は庶民を対象とした義務教育制度はありません。人々は自らの意志で子供を寺子屋に通わせたのです。多くの村に寺子屋ができ、上層百姓や寺の住職、神社の神職などが師匠となって、村人の子弟に初等教育をほどこしました。その熱意こそ、経済社会の発展と文化の成熟をもたらしたに違いありません。なお、全体の五パーセントほどの寺子屋では、儒学などのより高度な教育が行なわれていました。こうしたところで学んだ上層百姓は、知識・教養を求めて多くの書物を読み、その需要に応《こた》えて多数の書物も出版されています。やがて上層百姓のなかには、書物を読むだけではなく自ら執筆する人も現れました。

江戸時代、文書および文字の世界は、多様なかたちで大きく広がっていったのです。

半紙一行に千金の価値

先ほど、村に残る文書には、大きく分けて個人蔵文書と区有文書があると述べました。その文書の残り方と、江戸時代の村の仕組みには、実は密接な関連があるのです。

まず、区有文書の事例を見てみましょう。

文化《ぶんか》一〇（一八一三）年、信濃《しなの》国諏訪《すわ》郡乙事《おっこと》村（現、長野県諏訪郡富士見《ふじみ》町）では、村中相談のうえ、新たに郷蔵《ごうぐら》（村にある村有の蔵。郷倉《ごうぐら》とも）を建てました。一般に、郷蔵には年貢米や村有の道具類などを収納することが多かったのですが、この郷蔵は「帳庫《ちょうぐら》」、すなわち文書保管庫として特化されました。それまでは、名主の交代時に後任者に引き継ぐ「名主廻り方式」で管理されていた重要文書ですが、整理され、目録も作成されたうえで、ここに収納されることになったのです。引継文書量が増大する一方、名主のなかには土蔵を持たない人もいたため、文書の保全を期したというわけです。

乙事村では、名主の任期は一～数年でした。そのつど投票し、村の最高責任者を選んでいたのです。交代するときには、村の重要文書を後任の名主に引き継ぎます。ところが時代が下るにつれ、文書の量はどうしても増えてしまい、引き継ぎにかかる手間も増えるばかりとなりました。

そこで、名主にとって日々の職務に不可欠な文書（現用文書）と、日々の職務に不可欠というわけではないが後の参考のために保存しておきたい文書（非現用文書）とに分け、非現用文書を郷蔵に保管することにしたというわけです。そうすることで引継文書は軽量化され、手続きも簡素化され、同時に非現用文書の確実な保存が可能になったのです。

また、名主は任期中、文書を自宅の蔵に納めて大事に保管していました。しかし名主役は回り持ちですから、自宅に蔵がなくても名主に選ばれることがありました。その場合は母屋に保管します。すると、火災による焼失などの危険度が増します。そのためもあって、非現用文書はあらかじめ郷蔵に納め、安全に保管したかったのです。厳選された現用文書だけならば、母屋が火事になっても容易に持ち出せる可能性が高くなるでしょう。

こうした理由で郷蔵が建てられ、そこに村の重要文書（非現用文書）が保管されるようになりました。さらに、必要なときに必要なものをすぐ取り出せるよう、内容別・時代別に整理され、目録まで整備されたというわけです。

新しい郷蔵の建設について記した文書には、ここに納める文書類について「半紙一行之書付ニ而《て》も千金難レ替候《せんきんにかえがたくそうろう》」、つまり半紙に一行書かれただけの短い文書でも千金に替えがたい貴重な価値をもつ、と書かれています。また、新郷蔵は「実ニ一村之幸尽、万代不易《ふえき》之礎」（実に村にとって最高の幸せであり、末永く村運営の基礎となるものである）、「永世之宝蔵」（永遠の宝の蔵）であるとも述べられています。ここには文書の価値を知り、後世に永く伝えていこうとする村人たちの意識がはっきりと表れています（以上は冨善一敏《とみぜんかずとし》氏による）。

実際、この郷蔵に納められた文書の多くは村の共有財産とされ、近代以降の新たな文書も加えられ、乙事区有文書として今日にいたるまで大切に保管されています。

古文書は自然に残ったのではなく、江戸時代以降、村人たちがその重要性をきちんと認識し、保存の手だてをとったために今日まで伝えられたのだということがおわかりいただけたと思います。名主の回り持ちという村運営のしくみが郷蔵の区有文書を生み出したのであり、古文書の伝来それ自体が、江戸時代の村のしくみを反映しているというわけです。

上層百姓が文書を整理した理由

次に、個人蔵文書が保存されてきた背景には何があったのか、上総国長柄郡本小轡《かずさのくにながらぐんほんこぐつわ》村（現、千葉県茂原《もばら》市）の上層百姓・藤乗勘解由《とうじょうかげゆ》のケースを見てみましょう。藤乗家は、江戸時代の過半の期間、本小轡村の名主を世襲しており、勘解由自身は、文化一三～文政《ぶんせい》元（一八一六～一八）年と天保《てんぽう》四～九（一八三三～三八）年に名主を務めていました。

今日、藤乗家には一〇冊の文書目録が残されています。それらはいずれも天保元～五（一八三〇～三四）年頃に作られたものです。この目録には、ほぼ文化年間（一八〇四～一八）までの文書が記載されています。記載事項は、文書の表題、作成された年月、作成者、点数などです。

勘解由は、いかなる意図のもとに文書目録を作ったのでしょうか。それを考える恰好《かっこう》の材料として、文書目録のうち天保五（一八三四）年に作成された一冊より、その序文をご紹介します。まず、主要部分の現代語訳を示してみます。


村人たちは、私の先祖が本小轡村を拓《ひら》いて以降、すでに数百年を経たと言い伝えています。ただ、慶長《けいちょう》・元和《げんな》年間（一五九六～一六二四）以前については、証拠となる古文書などが残っていないので、詳しいことはわかりません。たぶん、私の遠い祖先は元和・寛永《かんえい》年間（一六一五～四四）以降、現在の国家体制（幕藩体制）が武力を基礎に成立した時期に、本小轡村を創始したのでしょう。

以来、子孫たちは祖先の仕事を受け継いで、当村の名主を世襲してきました。そして、祖先が遺《のこ》した方針にのっとり、発展していく時流にも乗って、土地を拓き、境界を画定し、減税を嘆願し、神社や寺院を建立し、村人たちが安心して暮らせるよう努めてきました。こうした努力は、享保《きょうほう》年間（一七一六～三六）に至って実を結びました。

その跡を継いだ私は、祖先の功業のおかげで豊かに暮らし、文字に親しみ、悠々と年を重ねています。これは、良い政治のおかげであることはいうまでもなく、また祖先が重ねた善行のおかげでもあります。

祖先の歴年の功労は、私の家に伝わる古文書を見れば明らかですが、後世の人がそれを忘れたり、誤解したりすることが心配です。そこで、今その概要を抄録し、近隣の民、後世の人に示すことにしました。名付けて「古証書雑記」といいます。ここに収録した文書は、幕府の裁許状（判決言い渡し書）であったり、村人の印が捺《お》されていたり、すべて確かなものばかりです。

近年、「巧言利《こうげんり》口《こう》」（口が達者でござかしい）の者が、偽りを述べたり、知ったかぶりをしたりしていますが、私の家の古文書に書かれている内容とは、信頼性に天と地ほどの差があり、とても同列に語ることはできません。

以上の序文からは、次の点がわかります。

①祖先がいかに村のために貢献したかというかたちで家の歴史を語っており、家の歴史と村の歴史が密接に関わり合っている。

②祖先の積善・勤労・勲功を尊敬し、慕う気持ちが強く出ている。

③村と家の歴史を確かな文書史料にもとづいて語ろうという実証的態度が顕著。

④目録作成の第一の意図は、近年の「巧言利口」の者による事実無根の言説に対し、確証を示して反駁《はんばく》することだと明言している。

家の特権を守るため先祖の功績を証明

「巧言利口の者の言説」とは何だったのでしょうか。具体的には、藤乗家の特権に対する村人たちの批判だったものと思われます。藤乗家は、本小轡村を開発（開拓）した家として、同家だけに認められた特権をもっていました。すなわち、人足役《にんそくやく》（領主への労働力提供）と所持地への地役銭《じやくせん》（領主から所持地の石高に応じて賦課される金銭的負担）を、免除されていたのです。一七世紀中はそれが問題にされることはありませんでしたが、享保九（一七二四）年には、村人たちが領主に、藤乗家だけ人足役と地役銭を負担していないのは不公平だと訴えます。

このときは領主は藤乗家の特権を再確認しましたが、文政九（一八二六）年以降、またこの問題が再燃しました。そこで、天保元（一八三〇）年、勘解由は村役人たちに一通の文書を手渡したのです（このとき、勘解由は名主ではありません）。そこには次のように書かれています。

藤乗家が地役銭を負担していないことについて、一般の百姓たちは、藤乗家の分まで自分たちが負担するのは迷惑だと、他村の者にまで話しているようです。ここに負担免除の経緯を説明するので、寄合（村人たちの集会）の際、村役人から惣百《そうびゃく》姓《しょう》（百姓全員）に言い聞かせてください。

本小轡村は藤乗家の先祖が拓いた村であり、同家は江戸時代の初期から、代々名主などの役職を務めてきました。その証拠に、職務に関わる大量の文書を所蔵しています。その功績により、昔から人足役や地役銭なども出してこなかったのです。そうした経緯を記した領主の文書の写しを渡しますので、それを村役人から惣百姓に見せて納得させてください。

勘解由は、藤乗家に他の百姓と同等の負担を要求する人々の動きを抑えるよう、村役人に求めているわけです。不満を口にする百姓たちに対し、「自家は本小轡村草創以来の由緒《ゆいしょ》をもち、長く村のために尽くしてきたのだから、特別な待遇を受けるのは当然だ」というのです。その由緒の証明としては、多数の古文書を所蔵していることを強調しています。ここからは、自分の生まれた家に対する強烈な自負がうかがえるでしょう。

この勘解由の要求は、天保元（一八三〇）年九月、村の寄合で名主から惣百姓に伝えられました。一同も承知し、村役人・惣百姓が勘解由の主張に承服した旨の証文を差し出すことで、ひとまず収まったようです。

つまり、双方の意見が対立していた時期に、勘解由は藤乗家の由緒と功績を証拠づけようと、文書を整理し、目録を作成したのです。当時の藤乗家には、膨大な文書が蓄積されていました。必要時に必要な文書を証拠とするためには、所蔵文書の整理が不可欠です。さらにその内容把握と検索の便のため、目録作成が行なわれたというわけです。

勘解由は、村内の状況に対処し、家の特権を守るため、熱心に文書保存に努めました。そこには上層百姓に固有の理由がありました。繰り返しますが、古文書はただ自然に残ってきたわけではありません。それぞれの村における、固有の事情を理解することが重要なのです。その点は、区有文書も個人蔵文書も同じです。勘解由のような先人が文書の重要性を認識し、熱意をもって整理と保存に努めたおかげで、今日まで多くの古文書が、各地の旧家に伝えられてきたのです。

ただし、勘解由は私たち後世の人間一般のために文書を保存してくれたわけではありません。本章で見たように、江戸時代後期の村には、村役人層に文書整理をうながす固有の事情が存在していました。今日、文書館・図書館・博物館などの公的施設が、文書や書籍を収集したり保存したりするのとは動機が異なります。村により、また家によって、文書保存の動機は多様でしたが、いずれの場合も村や家の固有のあり方(社会構造)が、文書保存のあり方を強く規定していたのです。合理的な保存・管理方法の追求という点では、江戸時代にも現代に通じるものが見られます。他方、その動機には江戸時代の固有性が存在していたのです。古文書は書かれた内容だけでなく、それらがどこに、どのようなかたちで保存され、いつ誰によって整理されたのかということからも、私たちに江戸時代についての貴重な情報を与えてくれるのです。

第三章　村はどのように生まれたのか

戦国時代の村

江戸時代の村は、どのようにして成立してきたのでしょうか。本章では、中世、とりわけ戦国時代から江戸時代にかけての村の動きを見ていきましょう。

一九八〇年代半ば以降、戦国時代から江戸時代前期にかけての村の研究（中世・近世移行期村落論）は大きく進展しました。この間の研究動向を大きくまとめると、村の高い自立性と豊かな力量が強調され、中世・近世移行期の連続性がクローズアップされました。

戦国時代の村は、自らの武力をもって村を防衛し、村掟《むらおきて》（惣《そう》掟・地下《じげ》掟）という村独自の法を定めて秩序を維持していました。村掟を破る者は、村で裁き、村で処罰を加えていたのです。

このように、村が独自に警察権と裁判権を行使することを、「自検断《じけんだん》（地下検断）」といいます。入会地《いりあいち》や用水などをめぐり、近隣の村との間で紛争が起きることがあります。そのようなときは村の武力を背景に、自力での解決を図りました。と同時に、武力によらない紛争解決のルールも作り上げていきました。

村は、土地や貨幣などの村有（惣有）財産をもっていました。また、家ごとに労働力を提供させるなどの村役を賦課し、村の自立性を確保していました。村は領主に代わって年貢・諸役の徴収・納入を請け負うことで（村請《むらうけ》・地下請・百姓請・惣請）、村内の土地を独自に管理する自治的領域を広げていったのです。

惣村《そうそん》（惣）とは、こうした自治的な村をいいます。

従来、惣村は畿内《きない》に固有のものとされてきましたが、近年は全国的に惣村と共通する法的・政治的主体としての村の存在を認めようとする見解が出ています。私もそう考えるほうが良いと思います。

惣村は、村請や訴訟・交渉の主体として、領主や近隣の村々に広く認知された法的・政治的組織体です。惣村が成立する前にも村は存在していましたが、それは法的・政治的主体としては公認されていませんでした。百姓たちが領主に訴訟・交渉をするときは、村をいくつか合わせた枠組みである庄《しょう》（惣庄）や郷《ごう》（惣郷）の単位で行なっていたのです。

やがて村は、村人の生産・生活にとって不可欠の組織となっていきました。人々にとって村の重要性が高まるにつれ、領主も村を、支配の基礎単位ととらえていったのです。惣村はこうして成立していきました。

村の指導者は、乙名《おとな》・沙汰人《さたにん》・番頭《ばんとう》・年寄《としより》などと呼ばれる土豪《どごう》や侍《さむらい》（地侍）たちでした。土豪は、名主職《みょうしゅしき》・作職《さくしき》（土地からの得分取得権）などを多くもつ有力農民です。村の一員であるとともに、侍身分として一般の村人の上に立つ存在でした。戦国大名と主従関係（被官《ひかん》関係）を結んでいる場合も広く見られました。乙名・沙汰人・番頭・年寄などは、村の指導者の職名で、土豪・侍が多く就きました。彼らは百姓を支配下に置くという側面だけでなく、村の内と外の両方に対し、村の存続と自治性を支える積極的役割を果たしていたのです。

村の運営形態は、二つに大別されます。一つめは、小百姓（乙名などにはならない小経営農民）たちも含めた寄合において、村の意志が決定されるもの。二つめは、土豪・侍らが強いリーダーシップを発揮するものです。前者は畿内周辺に比較的多く見られます。

江戸時代の村とは、戦国時代の村が生み出した豊かな力量を礎とし、それを継承したすがたであることを、忘れてはなりません。

生産力の発展と小農自立

以上を前提としておさえつつ、江戸時代前期までの村を考えるうえで重要な点を、さらに掘り下げていきましょう。

はじめに、農業生産力の発展から述べたいと思います。一七世紀における農業生産力の発展には、めざましいものがありました。これが村社会の変化を根底から規定していることは想像できると思いますが、では具体的に、どのような変化があったのでしょうか。

まず、水利灌漑《かんがい》・治水工事が進展しました。豊臣秀吉《とよとみひでよし》や江戸幕府は、大河川の治水工事を進めました。統一政権としての、強大な力が発揮されたわけです。また、新たに多くの溜池《ためいけ》が築造され、全国で耕地が開発（開拓）されました。そのなかで、新たな水利秩序が形成されていったのです。

また、牛馬の飼育と廏肥《きゅうひ》の使用も一般化します。一軒だけでは牛馬を持てない貧しい小百姓たちが、組をつくって牛馬を共同所有することもありました。牛馬は農耕・運搬に用いただけではありません。青草を牛馬に踏ませてつくる廏肥は、農業生産力の発展をもたらしました。

他にも棉の栽培が普及し、麻に代わる庶民の代表的な衣料原料となるなど、生産力の向上とともに、農民のライフスタイルも大きく変化したのです。

やがて多肥多労働投下、集約化、深耕、土地改良などを内容とする小農農法（小農民に適した農業のやり方）が確立していきました。つまり、広くはない土地に多くの労働力と肥料を投入し、土地を深く耕すことで土壌を活性化させ、きめ細かい栽培管理を行なうことによって、できるだけ多くの収穫をあげることを目指したのです。

このような農業技術を体系的に述べたものとして、農書が誕生します。また上層百姓の間では、農事日誌などの記録をつける習慣も生まれました。村の旧家には、今でも農書や農事記録が残されていることが少なくありません。

ただし農業生産力の発展は、気候変動の影響を強く受けました。一五世紀後半から一六世紀、すなわち戦国時代は、気候が寒冷化して長雨が続き、飢饉《きき ん》が頻発したのです。さらに戦国の争乱による荒廃も加わったため、戦国時代には慢性的に、飢饉と疫病が蔓延《まんえん》していました。

ですから、戦国時代から一七世紀にかけて、技術改良による生産力の発展が、一路右肩上がりに進んだと考えるのは正しくありません。一六世紀頃までは、著しい技術的発展にもかかわらず、悪条件のもと、生産の増大はなかなか困難であり、人々は生命を維持するだけでも多大の努力を要したのです。

生産力の発展がうながされたのは、統一政権の成立により戦乱が終息に向かい、一七世紀後半になって気候もいくぶん温暖化したからです。その結果、一七世紀には人口と耕地が飛躍的に増大し、各地に新田村《しんでんむら》が生まれることとなりました。

人口の急増の背景には、自立経営を営む小農が大量に生まれたことがあげられます。この現象を「小農自立」といいます。小農自立については、以下の点に注意する必要があります。

①小農自立は、太閤《たいこう》検地に始まる豊臣秀吉の政策によって、はじめて実現したわけではありません。それは中世以来の村における自生的発展によるものであり、統一政権の政策はそれを追認し、かつ促進する役割を果たしたのです。小農自立をうながした統一政権の政策的意義については、絶対視せず、また無視もしないという姿勢が大切です。

②小農は、二つのコースによって生まれました。名主《みようしゆ》・侍・土豪などが抱えていた下人の自立と、血縁者の分家です。従来はもっぱら前者が注目されてきましたが、後者についても重視する必要があります。

③小農自立はあくまでも傾向であり、一七世紀後半でも村の構成員のすべてが小農になったというわけではありません。地主的農民は、性格を変化させながらも村内に存在し続けました。先に見た本小轡《ほんこぐつわ》村の藤乗《とうじょう》家も、その一例です。
④自立とは、独立・孤立と同義ではありません。小農の経営は、同族団と村落共同体に支えられていました。

②、③について実例をあげておきましょう。

武蔵国久良岐《むさしのくにくらき》郡永田《ながた》村（中世には永田郷。現、神奈川県横浜市）では、天正《てんしょう》一九（一五九一）年の検地帳に登録された三〇軒余の家が、一七世紀末には六〇軒余に増えました。これは田畑・屋敷を血縁者でほぼ均等に分割したのであり、下人から百姓へという自立のコースを歩む人はほとんどいませんでした。また、中世の土豪の系譜を引く服部家という家は、江戸時代を通じてずっと、名主を務め続けていました。

兵農分離と商農分離

統一政権による兵農分離以降、村の侍にも大きな変化がありました。政治的機能と経済的地位の変化です。苛酷《かこく》な社会状況である戦国時代、侍層に期待されたのは村落の軍事・外交面での機能でした。しかし戦乱の終結とともに、その役割は重要性を低下させていったのです。

また、出入作の整理と作合《つくりあい(さくあい)》の圧縮は、侍層の経済力を低下させました。作合は、加地子《かじし》ともいい、耕作者と領主との間にいる侍・地主が得ていた中間得分または小作料のことです。それが、領主の年貢増徴策のもとで、年貢量の増大に反比例して減らされていったのです。彼らは身分を落とすかたちで百姓化しましたが、それが村内の社会関係の平準化につながったのです。これは、小農自立と表裏の関係にあるといっていいでしょう。

そうした状況下、一七世紀になると全国各地で、中世以来の土豪の系譜をひく庄屋(名主)の村運営を、小百姓たちが「専断的」だとして糾弾する村方騒動《むらかたそうどう》が頻発します。これは、百姓が自立性を高めつつあったことの証《あかし》でしょう。庄屋だけがもつ特権を批判し、庄屋の年貢勘定の不正を糾弾するなどしたのです。

戦国時代には通用したやり方でも、平和と安定の時代に移行するなかで、しだいに「わがまま」「私欲」などと、批判の矢面にさらされるようになっていきます。戦国時代とは、戦乱や飢饉などの非常事態が断続的に村を襲った時代でした。その非常時における強烈なリーダーシップに代わり、時間はかかっても小百姓たちの議論と合意を踏まえた、新しい時代にふさわしい村運営が求められるようになったというわけです。

さらに、商農分離が進んだことも重要な変化でした。侍層と同じく、村の商人もまた、城下町などに移住したのです。かつて惣村は、農業を主要な生業としつつも相当数の非農業的人材をかかえ、内部に社会的分業を形成していました。しかし統一政権成立の過程で、非農業的・都市的要素のかなりの部分が、惣村から城下町へと分離されていったのです。また、村の領域確定（いわゆる「村切り」）によって、戦国時代と江戸時代とで村の範域が変化したところもありました。

中世の村請と近世の村請

先に、戦国時代の村においては村請（地下請）が行なわれていたと述べましたが、あらゆる地域においてそうだったわけではありません。たとえば、戦国時代に中国地方を支配した毛利《もうり》氏の領国においては、村請と並び、毛利氏の給人《きゅうにん》（家臣）による名《みょう》（中世の荘園や公領における徴税単位。名田《みょうでん》）単位の年貢収取も行なわれていました。戦国時代、村請はいくつかある年貢収取方式のうちの、有力な一つにすぎませんでした。それが、統一政権の成立により、村請制として全国一般に施行されるようになったのです。

中世と近世では、村請の内実も変化しました。一七世紀前半頃まで、年貢の算用・割付は、もっぱら庄屋が一人で行なっていました。そしてその内容は、村人たちに公開されないことが多かったのです。村請の内実は、多くは庄屋の個人請でした。それが一七世紀の間に、年貢勘定は小百姓も含めた村中の相談と合意にもとづくよう、変わっていきました。幕府の方針もありましたが、これは村請が、文字通り村全体で請けるものとなっていく動きだといえるでしょう。

近世に入ると、検地によって村の土地の実態把握が進み、年貢量も増大しました。それはたとえば、中世の加地子の一部分が年貢に吸収されたためです。また、検地や検見《けみ》（作柄の調査）などの必要から、領主が村内部に立ち入るようになりました。村請とはいっても、幕府や大名は村にまったく不介入というわけではなかったのです。惣村の代表例として有名な、近江国菅浦《おうみのくにすがうら》（現、滋賀県長浜《ながはま》市西浅井《にしあざい》町）の場合を見てみましょう。

戦国大名浅井《あざい》氏は検地を実施しえず、新開発地を把握できませんでした。そのためでしょう、浅井氏が把握していた耕地面積が約三〇町であったのに対し、近世においては耕地面積が七一町六反余と大幅に増加しています。領主による村の掌握度が高まり、それにともなって村人の年貢負担も重くなったのです。

開放から閉鎖へと変わる村

戦国時代の武蔵国《むさしのくに》（現、東京都・埼玉県・神奈川県の一部）では、年貢・加地子の重圧により、百姓の欠落《かけおち》（村からの退去）が頻発していました。彼らの多くは、諸役負担の免除と「自由」を享受しうる町や新開発地に流入し、旧来の従属関係を断ち切ろうとしたのです。

武蔵国を支配していた戦国大名北条《ほうじょう》氏は、年貢・役を村単位に賦課していました（村請）。欠落百姓の所持地が荒れ地になると、その分の年貢・役は残った百姓が肩代わりしなければなりません。そのため土豪・有力百姓にとっては、離村者を呼び戻したり、他村の人を招き寄せたりして、荒れ地の再開発に努めることが重要な責務となりました。

北条氏もこれに対応し、一方では人返し（欠落した百姓を連れ戻すこと）、他方では開発奨励という政策をとっていました。

しかし、北条氏や有力百姓のやり方には矛盾もありました。自村からは人を出さず出た者は連れ戻すが、他村の人でも積極的に受け入れるというやり方は、明らかに整合性を欠いています。とりわけ、移住者の旧居住村にとっては、移住先の村がその人を受け入れるなど、とうてい認められませんでした。移住者は、旧居住村で年貢を未《み》進《しん》（滞納）したり、有力百姓への従属関係から逃れる目的で離村する場合が多かったからです。

当然ながら、呼び戻そうとする旧居住村と、返すまいとする移住先の村との間で軋《あつ》轢《れき》が生じます。開発（再開発）は矛盾の連鎖だったのです。

これは村の社会構造が、流動的かつ不安定であったことを示しています。つまり、村請を行なう法的・政治的主体としての村は一応成立しているものの、土地と安定的な関係を結んだ小百姓の「家」はいまだ確立していなかったというわけです。

この点は、戦国時代の近江国や畿内の動向とは異なっています。こちらでは、村人と村・土地との結びつきが早くから強まっており、村が村人を固定化し、村人の帰属の決定者になりはじめていたからです。家の成立には地域によって、遅速があったというわけです。

全国的に見ると、「走り」（欠落）は一七世紀に入ってもおさまりませんでした。北九州の小《こ》倉《くら》藩細《ほそ》川《かわ》氏領では、慶《けい》長《ちょう》〜寛《かん》永《えい》期（一五九六〜一六四四）になっても「走り」が頻発しています。走り者発生の背景には、過重な年貢・役とともに、走り者を受け入れる村の開放性が存在していました。「走り」とは単なる流浪ではなく、縁者や知り合いから走り先の情報を得たうえで、落ち着き先にある程度の目途を立てて行なう移住行為でした。当時はどこの村でも、耕地開発や荒れ地の再開発のための労働力を必要としていたので、村も大名もこぞって優遇策を用意し、他所者《よそもの》を招致したのです。

こうなると、走り者の発生によって生じた荒れ地を、他所からの走り者に耕作させるという循環構造が生まれます。ここには、北条領国で見たのと同じ矛盾があります。北条領国では、荒れ地は惣作《そうさく》（村全体で耕作の責任を負うこと）として、村全体の負担とされていました。村という枠組みが前提とされていたのです。しかしこの枠組みは「走り」の循環構造がある限り、安定的に機能することができません。小百姓と土地との持続的かつ強固な結びつきは、いまだ一般的には成立していませんでした。一方、百姓は走ることによって、他村での経営的自立を目指していました。

つまり、耕地は荒れ地化⟷再開発を繰り返しつつ、しだいに固定的な耕作者を得て安定していったというわけです。

ざっとまとめてみましょう。戦国時代から一七世紀前半にかけては、関東や北九州など広い範囲で走り百姓が頻出しました。すると村請制による年貢の収取や労働提供も、不安定なものにしかなりません。したがって大名は、年貢未進者の入牢《じゅろう》や人質などといった、個別の対応策をとらざるをえなかったのです。

また戦国時代には、毛利氏に見られるように村請によらない年貢徴収法も存在し、村請は多様な選択肢のうちの一つにすぎませんでした。それが一七世紀前半以降、年貢の増徴から百姓経営維持の重視へと、幕府・大名が農政を転換した背景もあり、小農自立が進みました。それにともない「走り」も減少して、村請制が全国的かつ体制的に確立していきました。

その結果、村の性格は「開放的」から「閉鎖的」へと変わってゆき、百姓の抵抗形態も「走り」から「訴《そ》」へと重点を移していったのです。

ここで一つ補足しておくと、「走り」は江戸時代中・後期にもありました。しかし、過重負担への抵抗としての「走り」が広く見られたのは、やはり中世・近世移行期の特徴です。そこには、百姓の家と村請制が、いまだ安定的に確立していないという固有の時代状況が存在していたのです。

人口爆発と家の成立

一七世紀は、人口と耕地面積が急増した、日本史上でも特筆すべき時期でした。一六〇〇年頃の全国総人口は約一五〇〇万〜一六〇〇万人、耕地面積は約一六三万五〇〇〇町と推計されています。それが享保《きょうほう》六（一七二一）年には約三一二八万人、耕地面積約二九七万町へと急増しました。人口は約二倍、耕地面積は約一・八倍に増加したのです。

増加分のうちのほとんどは、一七世紀中のものだったと思われます。以後、江戸時代中・後期になると、人口・耕地面積とも増加率は大きく低下し、弘化《こうか》三（一八四六）年の総人口は約三二二九万人と、微増にとどまっています。つまり、人口爆発と大開発は一七世紀を特徴づけるものと考えて、まず間違いないのです。

ところで、これは単なる量的な変化ではありません。村社会の内部には、大きな質的変化が生じていました。それは百姓の家の成立です。

みなさんは、たとえ百姓だろうと、家なら古代からあっただろうに、と思うかもしれません。しかしここでいう家は、みなさんがイメージする現代の家、つまり「家族」とは異なっています。基本的に、現代の家族は生活の単位であり、生産の単位ではありません。

父親は毎日出勤して仕事は職場で行ない、母親は家庭で主に家事・育児を担い、大きくなった子供はまた別の場所で働いているというような家族像を思い浮かべてください。あるいは、両親が共稼ぎで、朝それぞれの職場に出勤し、子供は学校に通っているという家族でもけっこうです。いずれにしても、家族構成員は、家を単位にまとまって働いているわけではありません。もちろん現代でも、農漁業や小売業、中小企業経営など、家族が経営の単位となっている場合は少なくありません。しかし一般的な考え方として、職住分離が主流になっているのではないでしょうか。

これに対して江戸時代の家は、何よりもまず、共同で生業を営む生産の単位でした。家は、「家名」「家業」「家産」の一体性をもち、過去から未来へ永続するものと観念された、生産・生活の基礎単位だったのです。したがって、家には現世に生きる者だけでなく、死んだ先祖やこれから生まれる子孫までが含まれていました。これも現代とは異なる点です。

「家名」とは、家に代々伝わる名乗りです。江戸時代の百姓は、一般に苗字《みようじ》をもっていました。ただ、それを公的な場で名乗ることを許された人は、ごく一部でした。そこで各家の家長《かちよう》は代々同じ名前（勘左衛門《かんざえもん》とか吉兵衛《きちべえ》とか）を名乗って家名とし、それによって家の連続性を象徴的に表示したのです。家を継ぐ男子は若いうちだけ別の名を名乗り、父親から家督を相続すると、父と同じ名前に改名します。名前全体ではなく、名前のうちの一字を代々継承する場合も多くありました。こうした襲名慣行は、現代でも歌舞伎や落語の世界などで見られる通りです。

次に「家業」といえば、江戸時代の百姓の多くは農業であり、漁業や林業などの場合もありました。また「家産」とは、土地や家屋、主要な生産用具などを中心に、家に代々伝わる財産のことを表します。

家は、家名・家業・家産がワンセットになって構成されていました。家を守り、家産をきちんと子孫に伝えることは、多くの百姓の生き甲斐《いがい》にもなっていたのです。家はそのときどきの家長によって統括されましたが、家長は所持地を自由に分割したり、売却・譲渡したりすることはできませんでした。家長は先祖から伝わった家の土地を、少しも減らすことなく子孫に伝える責任がある、とされていたからです。百姓の所持地は先祖からの預かりものたる家産であって、家長個人や家族が勝手に処分してはなりませんでした。江戸時代の百姓の土地所持は、基本的に個人ではなく家を単位としていたのです。

このような性格をもつ家は、一六～一七世紀頃に、一般の百姓層の間で広範に成立していきました。原始・古代以来、農民は存在していましたが、一五世紀頃まではその経営は不安定でした。安定した家産を継続的に維持することは難しく、したがって家も広範には成立しえなかったのです。江戸時代は、百姓が一般的に家を形成したという点で、日本史上画期的な時代だったといえるでしょう。

みなさんも、墓石に刻まれた墓碑銘や、過去帳・系図などの記載内容、あるいはお宅に残る古文書があれば、それらをご覧ください。もしかしたら、江戸時代までの家のルーツをたどることができるかもしれません。しかし、中世まで遡《さかのぼ》ることができるお宅はほとんどないでしょう。大半のお宅が、江戸時代、古くても戦国時代までしか先祖をたどれないということは、実は記録がないからではなく、それ以前には百姓の家そのものが成立していなかったことを示しているのです。

ただし、ここでは、江戸時代の村においてすべての百姓が安定的に家を維持していたとか、全国すべての村や地域で一七世紀後半いっせいに小百姓の家が確立した、などと言っているのではありません。一九世紀以降になっても、家の一般的成立を見ない村や地域はあったし、いったん成立した家が経済的要因などで解体することもありました。こうした点にも、留意する必要があります。

土地所有秩序の変化

惣村と村請の成立によって、村が村人の所持する土地を把握・管理・保障する体制がつくられると同時に、経済的弱者に対する抑圧も生じてきます。惣村の体制そのものが、侍層の加地子収取を保障する装置でもあったからです。

戦国時代のうちは、村落に内包されていた侍衆と百姓との矛盾も村方騒動《むらかたそうどう》にまでは発展しませんでした。戦国時代には、剰余の多くが村や地域社会のなかに留保されていましたし、村全体の成り立ちこそを最重要課題としていたため、小さな対立を生む程度ですんだのです。しかし江戸時代になって、侍衆の独自の役割と地位、経済基盤が揺らぎはじめると、この矛盾は村方騒動として、激しく噴き出すこととなりました。

惣村による土地所有秩序の把握・管理体制は江戸時代にも継承されますが、それは侍層の加地子収取権を保障するものから小百姓の土地所持を保障するものへと、性格を変えていきました。これは、小農自立の動向と相即的です。

村内独自の土地・年貢関係帳簿が作成される点も戦国時代から連続しますが、江戸時代には村帳簿の前提として、土地所有権の根拠となる「検地帳」が存在する点が異なります。また、検地の影響を受けた割地《わりち》の発生など、村による土地への新たな関与も現れました（第四章参照）。ここからは領主（統一政権）の政策が、村の土地所有秩序を規定した様子がうかがえます。

太閤検地の前後の短期間だけを見れば、変化の大きかった村もあるものの、全体的には変化は少ないように思われます。しかし一七世紀後半までを見通せば、一六世紀前半の村との違いは大きいといわざるをえません。総じて中世から近世への移行過程は断絶の過程ではなく、連続性をもったものとして認識すべきでしょう。ただ、移行過程とは、緩やかでも確実な変化を内包するものです。移行期の始点と終点を比較するならば、そこには当然、質的な差が見出《みいだ》せます。

江戸時代の百姓の耕地所持の特徴は、石高で表示され検地帳に登録された土地（高請地《たかうけち》）を、村の関与下に所持するというものです。一七世紀を通じ、新たに小農が自立してくるとともに、中世的な権利関係は大きく変化し、小農層を中心として高請地を自己の所持地とする明確な意識が成立していきます。そして村は、検地帳名請《なうけ》と家（百姓株式）の維持・存続を正統性の根拠とし、小百姓の土地所持権を保障する機能を強めていくのです。

江戸時代の村は、検地・検見《けみ》などで領主に村のなかまで踏み込まれながら、検地帳を自らの権利を証明するものとして逆に利用もし、また領主法とは異なる固有の秩序・慣行を堅持してもいたというわけです。

百姓とは農民のことか

本章の最後に、「百姓」という言葉の意味と、さまざまな身分について、少し述べておきましょう。江戸時代の「百姓」とは、二重の意味で農民と同義ではありません。

第一に、百姓のなかには、漁業・林業・商工業など多様な職業に携わっている人々が含まれていました。専業の場合と兼業の場合がありましたが、いずれにせよ彼らは農業だけに従事していたわけではなかったのです。漁村（海村）・山村や町場化した村への目配りも重要です。

ひとことで村といっても、農村・漁村・山村などの多様性がありますが、農村は農業だけ、漁村は漁業だけ、山村は林業だけというように、単純に考えてはいけません。農業中心の村でも、近くの川で漁業をしたり、周囲の山で薪や炭を生産したり、複合的な生業を営んでいるのが普通でした。同様に海辺の村でも、漁業だけでなく農業や林業などを行なうことが広く見られましたし、むしろそちらが中心の場合もありました。こうした村々は、町場も含めて相互交流することで、足りないものを補い合って暮らしていたのです。

そうはいっても、百姓の多くが多かれ少なかれ農業を行なっていたことも事実です。しかし、農業をすることが即百姓であるということにはなりません。これが二点めです。百姓とは、いちおう土地を所持して自立した経営を営み、領主と村に対して年貢・役などの負担を果たし、村と領主の双方から百姓と認められた者に与えられる身分呼称でした。したがって、現実に村に住み農業を行なっていても、村や領主が一人前（正確には一軒前）の百姓と認定しなければ、百姓たりえなかったのです。たとえば、他所から来村したばかりの人などは、その人品を見極められるまで百姓への仲間入りはできませんでした。

百姓とは、特定の職業従事者の呼称ではなく、職業と深く関連しつつも、村人と領主が村の正規の構成員として認めた人のことでした。そして、村と領主のうち、第一義的に百姓メンバーを認定したのは村であり、領主は基本的には村の決定を追認する立場にありました。

百姓については、以上の点をおさえておく必要があります。

村人たちのさまざまな身分

村のなかには、多様な身分が存在していました。

まず、百姓とそれ以外の身分とがあります。狭義で百姓身分とされるのは、実は一家の家長（戸主）だけなのです。その妻・子供・老親・兄弟姉妹などは、家長とのつながりによって百姓身分に準じる地位とされました。また有力百姓の家には、家長と血縁関係のない奉公人・下人もいました。村を考える際には、彼ら・彼女らにもきちんと目配りしなければなりません。

さて、百姓身分のなかでも身分上の格差がありました。村を開発した家が「草分《くさわ》け」として特別の家格を保持している場合もありましたし、百姓内部が大前《おおまえ》・小前《こまえ》に分かれている村もありました。本家と分家、土地を所持する本百姓と所持しない水呑《みずのみ》百姓との間など、細々とした格差が存在していたのです。

また、名子《なご》・被官《ひかん》・家抱《けほう》（抱《かかえ》）・門屋《かどや》など、特定の主家に従属している者は、たとえ家族をもち農業に従事していても、正規の百姓身分とは認められませんでした。

百姓の身分はまず村が決定し、それが領主に認定されることで、村外においても広く公認されることとなりました。そして村内には、これ以外にも村独自の多様な身分が存在していたのです。

村には被差別身分の人々や、寺の住職・神社の神職などの宗教者もいました。村落共同体には精神的紐帯《ちゅうたい》としての鎮守《ちんじゅ》（産土神《うぶすながみ》）の社があり、そこに神職がいる場合もありました。

もちろん、婚姻や奉公などによる外部との出入りはありましたし、修験者《しゅげんじゃ》（山伏、山岳修行により法力を得たとされる宗教者）・陰陽師《おんみょうじ》（占いや呪術《じゅじゅつ》を行なう者）・六十六部《ろくじゅうろくぶ》（諸国の霊場や寺社を遍歴する修行者）、それに座頭《ざとう》（視覚障害者）・浪人など、他身分の者もしばしば村に来訪し、村人たちと交流しました。

ここで、寺院について補足しておきましょう。

江戸時代には、寺請《てらうけ》制度（庶民がキリシタンではないことをその檀那寺《だんなでら》に証明させた制度）により、すべての庶民がいずれかの寺院の檀那（檀徒・檀家）となることが義務づけられていました。一村の住民が、他村にある寺も含め、複数の寺の檀家に分かれていることも多く、その場合は村とともに、檀那寺ごとの檀家組織が寺の維持・運営に、大きな役割を果たしていました。

寺院は、檀那の身元を保証する寺請証文（宗旨手形）を発行しました。さらに檀那寺は毎年、自分の寺の檀那がキリシタンでないことを確認・保証する「宗門改《しゅうもんあらため》」を実施し、その際には「宗門改帳」（「宗旨人別帳」）という帳面を作成しました。

そこには、家ごとに家族全員の名前・年齢・家長との続柄・檀那寺などが記されています。ときにはその家の所持地の石高なども記されました。宗門改帳は、百姓の家族構成・ライフコース、それに人口移動の様子がよくわかる史料として、歴史人口学や家族史の分野などで大いに活用されています。

ところで、従来の研究では江戸時代の仏教が「葬式仏教」化したといわれてきました。これは寺請制度があったため、特段の布教活動をしなくても一定数の檀那を確保できたことから、寺院が葬式・年忌法要を活動の中心とした、という理解です。

そうした側面は否定できませんが、寺の住職が百姓間に起こるさまざまな問題の調停役となり、村・地域の平穏維持に、重要な役割を果たすことも少なくありませんでした。たとえば自分の家が火元になって火事が発生した場合など、その家の者は村の寺に駆け込んで謹慎と謝罪の意を表し、住職の仲介によって赦《ゆる》されることもあったのです。

このような「駆け込み寺」としての機能は、多くの寺院がもっていました。また、「寺子屋」の語が示すように、寺の住職が寺子屋の師匠を兼ねることも多く見られました。これら世俗的な面も含め、村社会における寺院の存在意義は、けっして小さくなかったのです。

第四章　土地は誰のものだったのか

江戸時代の基幹産業は農業です。農業は土地がなければできません。江戸時代を考えるうえで、土地の所有関係はきわめて重要な意味をもっています。本書が所有の問題を重視する所以《ゆえん》です。そこで本章では、土地所有のあり方について考えてみましょう。

検地と石高制

村に残る古文書は、一般的に一七世紀のものは少なく、一八世紀以降のものが多数を占めています。一六〇〇年以前の古文書となると、めったにお目にかかれません。そうしたなかにあって、検地帳については一六〇〇年前後のものが少なくありません。豊臣秀吉《とよとみひでよし》の太閤《たいこう》検地や、江戸時代初期の検地の際に作成されたものが、数多く伝存しているのです。それは、検地が村にとってきわめて重大な出来事であり、検地帳が特別に重要な文書だと認識されていたことを示しています。

検地とは、領主が行なう土地の調査です。戦国大名や織田信長《おだのぶなが》も検地を実施しましたが、豊臣秀吉はそれを全国規模で行ないました。それが太閤検地であり、「天正《てんしょう》の石直し」ともいいます。検地は、検地条目という施行細則にもとづき、検地奉行（検地の実施責任者）以下の検地役人が、現地に出向いて実施しました。

検地は村ごとに行なわれました。ですから、個々の土地の調査に入る前に、まずは村の境界が確定されました。これを「村切り」といいます。村切りによって村境が変わったり、従来曖昧《あいまい》だったものが明確化されたり、一つの村が複数に分割されたりしたところは少なくありません。逆に、複数の集落で一つの村とされたケースもありました。

土地を測量する際の物差しとしては、検地竿《けんちざお》や検地縄が用いられました。太閤検地の検地竿は六尺三寸＝一間の寸法です。一尺は約三〇・三センチメートル、一寸は〇・一尺で、一間は約一八二センチメートルになります。ちなみに江戸時代になると、検地竿は六尺一分（一分＝〇・一寸）となります。そして、一間四方を一歩、三〇歩＝一畝、一〇畝＝一反（段）、一〇反＝一町とし、この町・反（段）・畝・歩という面積単位によって田畑・屋敷地の面積を定めるようになっていきます。

田畑は地味や耕作条件などによって、上・中・下・下々などの等級に分けられました。上田《じょうでん》とか下畑《げばた》といった具合です。そして等級ごとに、一反当たりの基準米量（予定収穫量）が定められました。これを「石盛《こくもり》」または「斗代《とだい》」といい、米（玄米）の容積で表示されます。

石盛は、米を作らない畑や屋敷地にもすべて、土地一筆《いっぴつ》（一枚）ごとに設定されました。太閤検地の際には、それまで容量がまちまちだった枡《ます》が京枡に統一され、これを公定枡として、石・斗・升・合・勺・才という容積単位が用いられました。石盛は、各村の条件によって差がありましたが、上田一石五斗、中田一石三斗、下田一石一斗、下々田九斗、上畑一石三斗、中畑一石一斗、下畑九斗、下々畑七斗、屋敷地一石三斗などといったケースが比較的多く見られます。

このように、二斗ずつ石盛が低くなっていくことを「二つ下《さが》り」といいます。検地帳に登録された土地（高請地《たかうけち》・名請地《なうけち》）には、一人ずつ「名請人《なうけにん》」という権利者が定められました。名請人は土地の権利を認められる代わりに、年貢納入を義務づけられました。

一筆ごとの土地には、面積×石盛＝石高という計算によって、その土地の石高が決められました。これを「分米《ぶんまい》」といいます。

太閤検地の際には、戦国時代までの年貢高を基準に石盛が定められました。ほぼ石高＝年貢高といってよいでしょう。しかし江戸時代に入ると、石盛にも変動がありました。一七世紀にはしだいに石高＝生産高（米の標準収穫量）と考えられるようになっていきます。田のみならず畑や屋敷地にも米を作ったと仮定した場合の、想定される標準収穫量を石高とする認識が広がっていったのです。

ただし、石高＝年貢高だとする認識もなくなることはありませんでした。また、石高は純粋に土地生産力を表示するものではなく、それを基礎としつつも政治的・社会的諸関係にもとづいて設定されたものだということを忘れてはなりません（「石高のフィクション性」）。

石高は、百姓が納める年貢量を算出する際の基準値であるとともに、武士が主君に対して務める軍事的負担（軍役《ぐんやく》）の量を定めるときの基準値でもありました。百姓も武士も、石高にもとづいてそれぞれの負担が決められていたのです。そして、検地帳に名請人として登録され年貢と百姓役を負担する者が百姓、年貢を徴収し軍役を負担する者が武士とされたことで、検地は兵農分離を推進する一画期ともなったのです。

いずれにしても、江戸時代においては個々の百姓の所持地の規模、村の規模、大名や旗本の領地の規模、すべてが石高によって表示されました。社会編成の原理の基軸に、石高が据えられていたというわけです。こうした江戸時代の社会体制を「石高制」といいます。

では、なぜ社会編成の基本原理として石高制が採用されたのでしょうか。まず、当時は米が貨幣と同様、価値の基準として重要な役割を果たしていたということがあげられます。さらに、豊臣秀吉は天下統一に続いて朝鮮・明《みん》への侵略を考えていたため、兵糧米としての米の重要性が一段と高まっていたという事情もありました。こうしたことから、米を基準とする石高制が採用されたものと考えられます。

検地によって社会はどう変わったのか

従来の研究では、織田信長の時代までは検地といっても村々からの申告によるだけで実際の測量は行なわない「指出《さしだし》」であり、太閤検地では実測が行なわれた点が大きく異なるとされてきました。しかし、現在では、太閤検地においても村々からの申告を基礎にした場合や、一筆ごとの実測を行なわなかった場合も多かったことが明らかになっています。

逆にいえば、検地以前から村々は土地の状況を自主的に把握しており、だからこそ検地の際に速やかに申告することができたというわけです。当たり前のことですが、村の土地についていちばんよく知っているのは当の村人です。検地役人は現地に赴いて、村の申告に偽りや誤りがないかを実地に即し、確認したのです。太閤検地以降でも、検地役人が一方的に村に立ち入って土地の測量をするのではなく、検地役人と村側との申告・協議・確認という過程を経て進められていきました。

それでは、検地を経て社会はどう変わったのでしょうか。従来の研究では、太閤検地によって、それまで一つの土地に対し複雑に存在していた権利関係が、領主と百姓の関係のみに整理されたと考えられてきました。

中世では、荘園領主・在地領主・名主《みょうしゅ》・作人《さくにん》・下作人《げさくにん》など多様な人々が、一つの土地に対してそれぞれ権利を有し、その土地からの得分を分け合っていました。しかし太閤検地によって、荘園領主や名主などの権利が否定され、土地についての権利関係は、土地を直接耕作して年貢を納める名請人と年貢を受け取る領主との関係に、一元化されたと考えられてきたのです。とりわけ、耕作者と領主の間にあって中間得分を得ていた名主などの地主層の得分（これを「作合」〈「つくりあい」または「さくあい」〉といいます）が否定され、収穫物のうちから耕作者の生存に必要な部分（必要労働部分）を控除した残りのすべて（全剰余労働部分）が領主の手に入るようになったとされてきたのです。

しかし今日では、中間得分の全否定のうえ、全剰余労働部分が領主の手に入った、とは考えられていません。江戸時代の初期・前期においても、必要労働部分を上回る一定の剰余部分は村内部に留保されていました。地主―小作関係を通じて、その剰余部分を地主が手に入れることも可能だったのです。

ただし、戦国時代以前と比較して、領主の取り分が絶対的にも相対的にも増加した点はおさえておく必要があります。豊臣秀吉は、武士層を結集して全国を統一した圧倒的な力をもって、百姓との力のバランスを武士に有利な方向に傾けたのです。

太閤検地や江戸時代初期の検地を経て、一七世紀には百姓たちの経営もしだいに安定していきました。親子代々、同じ村で家が続いていくようになり、村の戸数も徐々に増えていきました。村の百姓がまとまって協力することで、経営規模の小さい百姓でも何とか経営を存続できるようになったのです。こうした動きを「小農自立」といいます（第三章参照）。

それにともない、中小の百姓たちは村運営への発言力も強めていきました。もちろん、なかには没落して村からいなくなる者もいましたが、ジグザグな歩みであるとはいえ全体的に見れば、小農自立の大きなうねりが一七世紀の村を特徴づけていたといえるでしょう。

小農自立は、村々における自生的発展によるものでした。秀吉以降の統一政権の政策はそれを追認し、かつ促進する役割を果たしました。中小の百姓が名請人として検地帳に登録されたことは、彼らが検地帳上で公認された権利を基礎に、自らの経営を安定させていく道を開いたのです。検地帳に記載されることは、土地所持権の絶対的な根拠になりました。すなわち、統一政権の政策には小農自立を後押ししたという意義があったものの、基本はあくまでも、中小の百姓たち自身の自立に向けた努力にあったというわけです。

また、新たに生まれた小農の出自を見ると、それまで主家に隷属していた下人が独立して小農になる場合もありましたし、家長の兄弟や次男以下の子供たちが分割相続によって新たに一家を構えるケースも数多くありました。

ただし、もう一つ注意しておきたいことがあります。小農自立というのは、あくまでもそういう大きな傾向があったということであり、一七世紀を通じてすべての農民が小農になったというわけではないということです。地主的な農民は、小農自立の動きに対応してその性格を変化させながらも、江戸時代を通じて村内に固有の位置を占め続けていました。またこうした家にこそ、古文書が保存されてきた場合が多いのです。

古い検地帳は名家の証

検地帳（水帳《みずちょう》）とは、検地の際にその結果を記載した帳面のことで、村ごとに作成されました。検地帳には、田畑・屋敷地一筆ごとに、所在地・地位等級（上田、下畑など）・面積・石高・名請人などが記載され、最後に村全体の総面積・総石高（村高）が記されます。

検地帳は、百姓の土地所持権を明証する基本台帳であり、領主と村がそれぞれ大切に保管しました。検地は大事業です。そのため一八世紀以降は行なわれることが少なくなり、行なわれるとしても、新たに開発された新田畑《しんでんばた》に限られることが多かったのです。ちなみに新田畑に対し、太閤検地や江戸時代前期の検地によって石高が定められた田畑のことは、「本田畑《ほんでんばた》」または「古田畑《こでんばた》」といって区別します。

検地後、時が経つと、所持権が移動する場合も出てきます。その場合は検地帳に張り紙をして、移動の内容を記すなどしました。

また、検地帳は記載内容が重要なだけでなく、どの家が保管しているかも重要な意味をもっていました。古い検地帳をもっているということ自体、その家が古くからの由緒をもつ名家である証拠になったのです。ですから、村役人の交替時などには、検地帳を引き継ごうとする新村役人と、できれば検地帳をずっともっていたい旧村役人との間で争いになることもありました。

ところで、検地帳に記載された面積は、実際より小さい場合がまま見られました。検地が村側の申告にもとづいて行なわれた場合には、年貢負担を軽くするための過少申告があったことでしょう。また実際に測量された場合でも、領主側が承知のうえで、百姓にゆとりを与えるために、実際より小さい数値を記載することもあったのです。

検地帳上の面積と実面積との差（これを「縄延《なわの》び」といいます）は、領主が認めている場合には問題となりませんが、百姓同士で土地の質入れなどを行なう際には、実面積（これを「有畝《ありせ》」といいます）を測定し直したうえで、質入れ価格を決めることもありました。

なお、名請人別に所持地の面積・石高をまとめて記載したものは「名寄帳《なよせちょう》」といい、村内で各百姓に年貢を割付ける際の基礎台帳として使われていました。

土地所有者としての村

次に、田畑・屋敷地の所有権について考えてみましょう。検地帳に登録されたことで、土地は百姓（名請人）の私有地になったのでしょうか。

土地の所有者としてまず頭に浮かぶのは、百姓と、将軍・大名・旗本といった武士（領主）でしょう（公家《くげ》・大寺社は武士に準じるものとします）。これまでの研究においても、土地の所有者は武士であり、百姓は「保有」という一段弱い権利をもつに過ぎなかったとか、いや百姓こそ所有者であり、武士は土地を支配するものの、その権利は所有権とはいえないなど、さまざまに議論されてきました。

一般に、近代になる前の社会（前近代社会）では、土地の所有権は一元化されず、一つの土地に複数の所有者がいる状態が、むしろ通例でした。したがって私は、江戸時代においても、百姓と武士がそれぞれ権利の内容を異にしながら、ともに所有者として一つの土地に関係していたと考えています。領主の所有権は国家の領有権に近い性格をもっており、百姓の所持権とは位相が異なっていたのです。

そのうえで注目したいのは、村も所有者として土地に関係していたということです。このようにいうと、読者のみなさんは奇妙に思われるかもしれません。田畑・屋敷地には一筆ごとに名請人が確定しており、そこから年貢を取る領主も決まっています。ですから、百姓や武士が所有者であるのはいいとしても、共有地（村には山野などの共有地もありましたが、ここではそれを問題にしているのではありません）でもない田畑に関して村が所有者とはどういうことかという疑問が浮かぶでしょう。そこで、以下、いくつかの例をあげて考えてみましょう。

村が支えたリスク回避の慣行

まず「割地《わりち》」を取り上げます。割地とは、村が主体となって定期的に耕地を割り替えることです。何年かに一度、くじ引きなどによって、村人たちが所持地を交換するのです。

江戸時代にあっては、洪水などの自然災害によって収穫が期待できない耕地にも、年貢が免除されない場合がありました。しかしそれでは、どこに耕地を所持しているかによって、年貢負担に不公平が生じます。同じ面積の耕地でも、川沿いの耕地のほうが洪水に遭う危険度が高く、それだけ相対的に負担も重くなります。こうした不公平をなくすために、割地によって所持する耕地の場所を取り替えたのです。村人たちが考え出した、危険負担均等化のための知恵（リスクマネージメント）といえるでしょう。

割地は、日本海側と四国を中心に、東北・関東・中部・中国・九州の広範な地域の村々で行なわれており、けっして特殊事例ではありません。むしろ割地が実施される可能性は、多くの村に潜在していたといっていいでしょう。割地を実施したことのない村であろうと、自然災害など何らかの要因が発生すれば、割地をする必要が生まれたからです。

その割地が行なわれていた村では、各村人は割地から次の割地の間だけその土地の耕作権を保障されていたのです。村の耕地は全体として、村の管理下にあったといえるでしょう。耕地は個々の百姓のものであると同時に、村全体のものでもあったというわけです。

次に「無《む》年季《ねんき》的質地《てきしっち》請戻《うけもど》し慣行」という、江戸時代に広範に見られた興味深い慣行を紹介しましょう。現代では、土地に限らず物品を質入れする際、請戻し期限が明確に設定されています。期限内に請戻せなければ質流れとなって、担保物件の所有権は移転してしまいます。私たちは、契約である以上それで当然だと考えています。

ところが江戸時代には、必ずしもそうではありませんでした。期限が来ても請戻せず、その時点で質流れにしてしまった土地でも、それから何年経とうが元金を返済しさえすれば請戻せるという慣行が、広く存在していたのです。質流れから一〇年、二〇年、場合によっては一〇〇年経っても請戻しが可能だったのです。そもそも、最初から請戻し期限を設定しないことさえありました。これが、無年季的質地請戻し慣行です。

こうした慣行が存在したのは、江戸時代の契約がルーズだったから、ではありません。一般に、中小の百姓は上層百姓に比べて経営が不安定であり、土地を質入れして借金する必要に迫られることが少なくありません。また、期限内に返済できないことも多かったでしょう。返済不能になって土地所持権を失えば、経営はますます困難になり、やがて没落の危機に瀕します。それを防止するために、期限にかかわらず、後日、金ができたときに元金だけ返せば土地を取り戻せるという慣行が存在していたのです。

この慣行は中小の百姓だけでなく、上層百姓にも適用されました。そしてそれが、上層百姓の経営発展に役立つ場合もあったのです。しかし、大局的に見れば、やはり中小の百姓を保護するという役割が大きかったといえるでしょう。逆にいえば、土地を質に取って金を貸すのは上層百姓が多かったものの、彼らにしてみれば、たとえ質流れの土地でも完全に自己の所持地になったことを意味せず、その所持権はいつ取り戻されるかわからない不安定なものにとどまっていたのです。

この慣行は、幕府や大名が保証したものではありません。むしろ村の掟《おきて》や取り決めによって、有効性が保証されていた場合が多いのです。上層百姓からすれば、いったん質流れになった土地は返したくないのが人情でしょう。また中小百姓は、上層百姓より弱い立場にあるのが普通です。つまり、無年季的質地請戻し慣行が機能するには、当事者以外の何らかの強制力が必要になります。それが村の掟でした。村は村内の土地の権利関係について掌握・決定する力をもっていました。無年季的質地請戻し慣行も、村の力に裏打ちされることによって実効力をもったのだといえます。

そしてその背景には、村の土地は村のものであり、個々の百姓の土地所持権は村によって管理・規制されていたという事情があったのです。

江戸時代の土地移動は、質入れから質流れという形態をとることが多くありました。これは、寛永《かんえい》二〇（一六四三）年の田畑永代売買禁令の規制を受けた面もありますが、百姓の家が成立したことにより、百姓自身が「土地は代々子孫に守り伝えていくべきで容易に手放してはならない」という観念を内面化したことも大きいといえます。土地は即座に永代売するのではなく、質入れにして取り戻しの可能性を留保しておくべきものとされたのです。しかし、質流れのかたちでも土地所持権の移動は進み、また禁令以降も依然土地の永代売買は行なわれていました。

不要な土地は村に無償返却

土地は村が所有していたと考える第三のポイントとして、江戸時代の村にあっては、自村の土地は自村の者が所持すべきだという考え方が強く存在していたことがあげられます。

このあるべきすがたを実現するために、

①村議定《むらぎじょう》(村の自主的な取り決め)で、村人が村の土地を他村の者に質入れ・売却・譲渡することを禁止する。

②村が、土地を質入れしたい村人に取引相手の斡旋《あっせん》を行ない、どうしても村内で取引相手が見つからないときには、村が金を出して土地を質に取る。

などの措置をとることもありました。このように、村は、村内の土地問題を個々の村人任せにせず、さまざまなかたちで関与することによって、自村の土地は自村民が所持すべきだという理念の実現に努めていたのです。

第四に、先にも取り上げた上総国長柄郡本小轡村《かずさのくにながらぐんほんこぐつわむら》の事例をあげましょう。寛文《かんぶん》九(一六六九)年、同村の長左衛門《ちょうざえもん》が、村を離れて江戸へ移住することになりました。その際、彼はもっていた屋敷地や山を、庄屋や村人たちに返して村を去っていきました。

ここからも、当時の村人にとって、その所持地は現代的な意味での私有地ではなく、一面では村の土地という性格をもっており、利用しなくなったら村へ返すべきものだと考えられていたことがわかります。私たちの感覚では、土地が不要になったら、しかるべき値段で売却するのが当然ですが、長左衛門は無償で村に返しているのです。すなわち、彼の所持地は、彼が村に住み、村の一員として耕作に従事し、領主に年貢などをきちんと納めている限りにおいて彼のものと認められていたのであり、村の成員の資格を失えば自由な処分はできない性格のものだったのです。

第五に、こうしたあり方は近代以降も残っており、近代以降の事例から逆に江戸時代の村のすがたを類推することができます。守田志郎《もりたしろう》氏は、近・現代の村について、次のように述べています（なお、「部落」とは、江戸時代の「村」と連続性をもつ近代の農業集落です）。

「だれだれの田だれだれの屋敷地と普通に言われるところの家庭共同体による土地の所有は、部落の所有というもっとも基礎的なあるいはもっとも根源的な所有に抱かれており、そのことによって、それぞれの家庭共同体が生活そしてそのための生産を、つまりは呼吸を、絶えることなく続けることができる」（守田志郎『日本の村』農山漁村文化協会、二〇〇三年）、「田は、農家のものであると同時に部落のものなのである」（同書）。

以上五点から、江戸時代においては、村の耕地は個々の家のものであると同時に村全体のものでもあり、村によって強い規制を受けていたことがわかります。百姓たちは、土地を排他的・独占的に所持しようとしたのではなく、村に依拠し村の力に支えられつつ所持地を維持していこうと考えていました。

多くの百姓たちは、独占的な権利を主張するだけでは自分の所持地を維持していくことは困難だと考えたのでしょう。他者を排除して土地を囲い込むことだけを考えていては、経済的困難から所有権を手放さなければならない状況におかれたとき、誰も助けてはくれません。逆に、共同所有と個別所有が重なり合ったような江戸時代の所有形態であれば、個別の百姓が困窮しても、村が援助してくれます。だからこそ江戸時代の百姓たちは、前記のような所有のあり方を主体的に選択したのでしょう。

こうした土地所有のあり方は、近代以降のそれとは大きく異なっています。現代のような私有財産制は、唯一絶対の所有形態ではないのです。「村の土地は個々の百姓のものであると同時に村全体のもの」という江戸時代のあり方にも、それなりの合理性・必然性がありました。私たちが江戸時代から学ぶ点はいろいろありますが、なかでも社会の動向をもっとも深いところで規定している「所有のあり方」が、現代とは大きく異なっていたという点には注目すべきでしょう。それは、現代を相対化し見つめ直すための視座を獲得するための、重要な意味をもっているのではないでしょうか。

最後に、同族団の土地所有について考えてみましょう。

村による所有に加えて、同族団も所有の主体となっている場合がありました。同族団とは、先祖を同じくすると考えられた家々の集団のことです。通常は本家を中心に、そこから分かれた分家の家々が結束しています。このなかの一軒が所持地を質入れせざるをえなくなったときには、なるべく同族団内部の他の家がその土地を質に取り、自分たち以外の者には渡さないように努めました。これは、同族団を構成する家々の所持地は全体として同族団共同の所持地でもあるという観念の表れだといえるでしょう。

集団による重層的な土地所有

これまで述べたところをまとめます。

本章の問題設定は、江戸時代において土地（田畑・屋敷地）は誰のものだったのかということでした。その答えとしては、一つの土地の所有者は単一ではなく、百姓・村・同族団・領主（武士）など複数の人および集団が、重層的に関係していたということです。権利内容を異にしながら、それぞれが所有主体として関わっていたのです。

こうしたあり方は、大きく見れば、中世とも共通していたといえるでしょう。

現代と比較した場合、江戸時代の土地所有のあり方は、
①一つの土地に複数の所有主体が存在したこと
②所有主体は個人ではなく、集団である場合が多かったこと
③そのなかでも、家と村がとりわけ重要な役割を果たしていたこと
の三点に特徴がありました。

②について、少し補足しておきます。

土地所有者として百姓や領主があるといっても、それは個人を指しているわけではありません。百姓たちは、家を単位に家族が協力して農業を営んでいたのであり、土地も家の財産（家産）だったのです。検地帳や名寄帳には、土地所持者として家長個人の名が記されますが、それはあくまでもその時点における家の代表者としての家長ということであって、その土地が家長個人の自由にできるということではありません。土地は、家という集団を介したうえで、百姓の所有とされていたのです。

同じことは、領主についてもいえます。江戸時代の武士の世界は、上は将軍から大名・旗本、さらには彼らの家臣まで、ピラミッド型の構造をもっていました。それを反映して、将軍が全国土の所有者であり、大名は将軍から領地を与えられ、その一部をさらに家臣たちに分与しているのだという観念も、広く存在していました。したが

って、武士社会の内部だけをとっても、一つの土地に、将軍・大名・大名家臣など複数の者が関わっていたのです。また、大名や家臣もそれぞれ家を形成しているわけであり、大名の領地は大名個人のものではなく家臣団も含めた広い意味での大名家全体のものと考えられていました。

武士社会は各レベルにおける多様な集団の複合体として成り立っており、各集団が所有の主体となっていたのです。そしてこれが全国レベルになり、将軍を頂点とする全武士層が結集することで、全体として国土の所有（領有）を実現していたというわけです。

村や同族団が、一つの社会集団であることはいうまでもありません。ですから、江戸時代の所有主体は、いずれも集団であるか、あるいは集団に所属することによって所有を実現していたということになります。

そのなかでも家と村は、百姓の所有実現にとってとりわけ重要な意味をもっていました。村は、単に農家が集まっているというだけではなく、家々の所有を下支えするという重要な役割を果たしていたのです。この意味から、江戸時代の村を村落共同体というのです。土地の共同所有機能を根幹とする、村人たちの強固な結合体ということです。

この点をおさえたうえで、第五章では、耕地以外の土地も含め、村のすがたをさらに明らかにしていきましょう。

第五章　山野は誰のものだったのか

村明細帳と村絵図に見る村

村を調べる際には、まず村の土地・人口・生業など、村の概要を把握する必要があります。そのためには、「村明細帳《むらめいさいちょう》」と「村絵図」が役に立つでしょう。

村明細帳は、村が領主に提出した、村の概要を記した帳面です。これは領主が交替するときや、村の現況を把握したいときに提出させました。そこには村の石高・耕地面積・年貢量・人口をはじめ、さまざまな情報が記載されています。ただ、農作物の生産量などの実態を正確に記載すると負担増となる恐れがあることから、村の側からは過少申告することも稀《まれ》ではありませんでした。ですから村明細帳の記載内容は、吟味しつつ利用しなければなりません。その点だけ注意すれば、村の概況がつかめる便利な史料です。

図１　本小轡村・新小轡村絵図（藤乗幹久氏所蔵、茂原市教育委員会提供）

村絵図とは、江戸時代の村を描いた絵図です。図1は、上総《かずさ》国長柄《ながら》郡本小轡《ほんこぐつわ》村と隣の新小轡村を描いた村絵図です。中央から東（上）側が本小轡村、西南の側が新小轡村です。村人の屋敷は村内の各所に散らばり、それぞれの家屋の周囲には林（屋敷林）があります。林野は屋敷の周囲以外にもあちこちに見られます。関東地方では、このように屋敷が分散している村が多いのですが（散村《さんそん》）、近畿《きんき》地方では屋敷地が一か所にかたまり、各家が軒を連ねている村（集村《しゅうそん》）を多く見かけます。

こうした村のすがたをより概念化して示すと、図2のようになります。村は、百姓の家屋敷からなる集落を中心に、その周囲の田畑、さらにその周りに広がる林野という三つの部分から成っていました。

図1でははっきりわかりませんが、江戸時代の田畑は一枚の大きさが平均して今よりかなり小さく、大きさや形もさまざまでした。また、個々の百姓の所持地は、屋敷地の周囲など一か所にかたまっていることは少なく、村内のあちこちに少しずつ分散しているのが一般的でした。これを「零細錯圃制《れいさいさくほせい》（零細分散錯圃制）」といいます。

零細錯圃制の利点としては、自然災害などの危険を分散できるということがあります。たとえばある百姓が、山沿いと山から離れたところに耕地をもっていたとします。もし山崩れがあっても、山沿いの耕地は被災しますが、山から離れた耕地は無事で、作物の全滅を避けることができます。また、あちこちの耕地に少しずつ別な作物を作付したり、米でも早稲《わせ》・中稲《なかて》・晩稲《おくて》などいろいろな品種を栽培することによって、気象条件がどうであれ、毎年一定程度の収穫を確保できるという利点もありました。

ただし、江戸時代の百姓たちはそうした利点を勘案して、意識的に零細錯圃制を選択したわけではないようです。なぜなら、江戸時代に新しく開発された新田村落を見ると、各百姓の所持耕地はそれぞれまとまっていることが多いからです。土地を開発する際にはそのほうが合理的ですし、耕地が屋敷の近くにまとまっていれば、農作業に行くのにも便利でしょう。

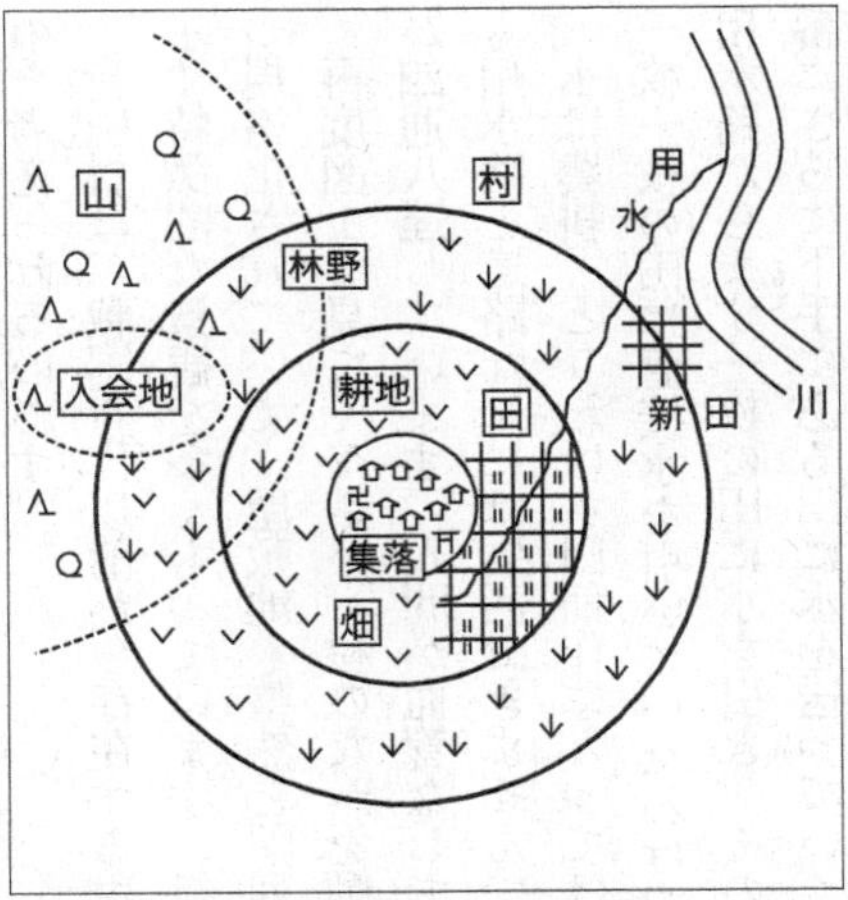

図２　村空間の概念図（『詳説　日本史』〈山川出版社、2002年〉170頁の図を元に作成）

つまり、零細錯圃制は中世以来の耕地のあり方を引き継いだもので、かつ一七世紀に小農が自立する際に土地が細かく分割されたことによって、いっそう際立ったものと考えられるのです。

新田村《しんでん》は、戦国時代以前から存在する古村《こそん》とは異なり、計画的に造成されたことを示す特徴的な景観を多くもっています。新田村の多くは、一枚ごとの耕地が大きくかつ規格化されていて、屋敷地も整然と配列されていました。

再度図1を見てください。人間が血管なしでは生きられないのと同じように、村人たちが四通八達しています。村のなかを動脈のように水路が通り、血管のように道路も用水路と道路なしには生活できませんでした。

水は農耕、とりわけ水田稲作にとっては不可欠でした。江戸時代には、用水路から一枚一枚の田に直接水を引いていたわけではありません。「田越し灌漑《かんがい》」といって、用水路からまず一枚の田に水を引き、その田から隣の田へ畔《あぜ》越しに水を送り、以下順番にさらに下手《しもて》にある田に水を送っていくという方法も多くとられていました。この場合、隣接する田の所持者が同じならば問題はないのですが、零細錯圃制により所持者がバラバラであるほうが一般的でした。

すると、用水路に直結していない田の所持者は自分の一存では水を引けないわけですから、田植えをはじめ稲作の作業日程は、水をやりとりする関係にある周囲の田の所持者と相談して決めなければなりません。また、自己都合で田を畑に転換することもできません。そんなことをすれば、そこから下手の田には水が行かなくなるからです。

田越し灌漑ではない場合でも、怠慢など耕作者側の原因によって一枚の田畑が荒廃すれば、直ちに周囲の田畑に悪影響をおよぼします。それは、村にとって見過ごせない問題でした。ですから、田畑の利用形態や年間の作業日程など農業全般について、近隣の土地所持者同士、ひいては村全体であらかじめ相談し、合意をつくっておかなければなりませんでした。つまり、村の土地利用のあり方を、村全体で管理・規制する必要があったというわけです。第四章で述べた、「村の土地は村のもの」という江戸時代特有の土地所有のあり方は、農業生産に直結する事情が基礎にあって生まれたものなのです。

入会地とは何か

「村の土地は村のもの」というあり方が生まれる今ひとつの基礎として、山野の存在がありました。次に、山野に目を移しましょう。

山野は、百姓の暮らしに不可欠でした。肥料の供給源、薪や炭など燃料の採取地、家屋の建築資材や道・橋などの修復材料の調達地、木の実・山菜などの食料や牛馬の飼料となる秣《まぐさ》の採取地など、その利用価値は計り知れなかったのです。

なかでも不可欠だったのが、肥料の供給源としての価値でしょう。江戸時代には購入肥料（金肥《きんぴ》）の利用も進みましたが、同時に自給肥料が重要な役割を果たしていました。自給肥料には、山野で草や木の枝を刈ってきてそれを青いまま田に踏み込んだもの（刈敷《かりしき》）、発酵させたもの（堆肥《たいひ》）、焼いて灰にしたもの（草木灰）、廏《うまや》の床に敷き牛馬に踏ませて糞《ふん》と混ぜたもの（廏肥《きゅうひ》）、などが用いられました。いずれにしても、原料は山野の草や木の枝葉だったのです。

これらの理由から、村の領域内には宅地・耕地とともに、山野があるのが一般的でした。山野には個々の百姓が独占的に利用する場所もありましたが（百姓持山《もちやま》）、その多くは一村もしくは複数の村々の共有地、すなわち入会地《いりあいち》でした。村人たちは、村で定めたルール、たとえば利用期間、使用してよい道具、採取してよい草木の量などを決め、それに従って入会地を利用していたのです。

やがて人口の増加にともない耕地が不足してくると、入会地は各村人に分けたうえで耕地として開発されたりもしました。その際、入会地を各村人に分割する方法をめぐり、村人の間に意見の相違が生じる場合もありました。以下、具体例として上総国長柄郡弓渡村《ゆみわたし》（現、千葉県茂原市《もばら》）における入会地の分割の様子を見ていきましょう。

弓渡村は、房総半島東部、九十九里《くじゅうくり》平野に位置する農村で、本小轡村の近くにあります。幕末時点での村高は一三三石余という比較的小さな村であり、領主は貞享《じょうきょう》元（一六八四）年以降、譜代大名・米津《よねきつ》氏（出羽《でわ》・長瀞《ながとろ》藩主）でした。

この村に、源蔵《げんぞう》という有力百姓がいました。源蔵は、享保《きょうほう》一〇（一七二五）年に所持石高約五石五斗、延享《えんきょう》三（一七四六）年の所持地面積は田畑・屋敷一町一反余、林野一町四反余、寛政《かんせい》五（一七九三）年の所持石高は約九石二斗でした。源蔵家は大地主とはいえないものの、村内では常に経済的に中・上層にありました。同家は弓渡村の草分《くさわけ》百姓（はじめて村を拓《ひら》いた百姓）の家柄で、苗字《みょうじ》を名乗ることを許され、「名主上座」（他の家が名主を務めているときには、その名主よりも上座に座ることができること）という高い格式をもつほどで、一七世紀には実際に名主を務めていました。しかし、源蔵家の社会的地位は一八世紀に入ると揺らぎはじめ、名主役も他の家が務める場合が出てきました。

有力百姓と惣百姓の対立

入会地の分割をめぐる問題は、四つの時期に分けて考えることができます。

【第一期――元禄《げんろく》一三（一七〇〇）年前後～享保三（一七一八）年】

元禄一三年前後に、弓渡村の惣《そう》百姓（百姓全員）が相談して、村内の入会地を各戸均等に分け合いました。その後、正徳《しょうとく》元（一七一一）年に、源蔵は元禄一三年前後の分割の際に対象外とされた入会地を、自分一人で所持したいと領主に願い出ます。しかし、名主・組頭が反対したため、結論は先延ばしとなりました。さらに、享保三年には、元禄一三年前後に惣百姓で分割した土地を、村中で相談して元の入会地に戻し、代わりに正徳元年に源蔵が所持したいと願った土地を、村人で分け合いました。

【第二期――享保七～八（一七二二～二三）年】

第二期の入会地分割には、幕府の新田開発政策が深く関わっています。享保七年、八代将軍徳川吉宗《とくがわよしむね》は、享保の改革の一環として、全国に新田開発を奨励する法令を出しました。その開発地を幕府領に編入し、耕地の増加による年貢収入の増大をねらったのです。幕府は上総国にも役人を派遣して、開発可能な土地を選定し、地元の村なり江戸の町人なりに開発させようとしました。弓渡村では、惣百姓が対策を協議しました。その席で、当時名主を務めていた源蔵は、享保三年に入会地に戻した土地を再度村人に分割し、領主米津氏に野銭《のせん》（小物成《こものなり》の一種。山野の利用の対価として領主に納める銭）を納めることにしてはどうかと提案しました。

前述したように、山野は村人にとって不可欠なものでした。幕府の都合で新田開発など命じられては、山野が減少してしまうため迷惑だったのです。江戸時代の耕地は、耕地だけが独立して存在していたのではありません。耕地を維持するための、山野・用水路・道・橋など、自然環境や人工施設が必要不可欠でした。そのバランスを崩し、耕地さえ拡大すれば収穫が増えるというものではありません。そこで村人たちは、先手を取って入会地を分割し、先まわりして領主に野銭を納入することにしてしまおう、そうすれば、その土地を新田開発するよう命じられることはあるまい、と考えたわけです。村側にとって、野銭は新たな負担増です。それでも、入会地を失うよりはましだと判断したのです。

この源蔵の提案に惣百姓も賛成し、領主の許可も得て、享保八年一〇月、三町六反の草地を二六軒の百姓で均等に割り合い、誰がどこの場所を取るか、くじ引きで決めました。このとき源蔵は領主に願い出て、惣百姓とは別の場所で、彼にだけ特別に、野銭納入と引き換えに草地の所持を認められました。

【第三期――享保一四〜二〇（一七二九〜三五）年】

享保一四年、弓渡村は、隣村である南横川《みなみよこかわ》村と用水をめぐって争いました。名主だった源蔵は、村を代表して幕府の法廷などで活躍します。その甲斐《かい》あって、訴訟は弓渡村の勝訴となり、豊富な用水が村に来るようになりました。すると従来あった溜池《ためいけ》が不要になったので、享保一六年には溜池を埋め立て、その跡地を惣百姓で分け合うことにしました。惣百姓は、その旨を領主に申し出ました。一方、同じ年に源蔵は、訴訟の際に奮闘したことを理由に、埋め立て地は自分一人のものにしたいと領主に願い出ました。惣百姓と源蔵は、相反する願書を領主に差し出したわけです。領主の米津氏は大筋で源蔵の主張を認めたため、源蔵は享保一七年に独力で溜池を埋め立て、新田工事を完成させます。そして享保二〇年、改めて領主から、その所有権を確認されたのです。

【第四期——宝暦《ほうれき》一〇〜一一（一七六〇〜六一）年】

第四期は、宝暦一〇年九月に、弓渡村の名主・組頭・惣百姓合わせて二一人が、源蔵（これまで述べてきた源蔵の子）ほか二人を相手取って領主に出訴したものの、翌年八月には和談になったという村方騒動の時期です。

この騒動の争点はいくつかありますが、中心的な争点は、第三期に問題となった埋め立て地をめぐるものでした。惣百姓側は、近年日照りが続いているので、埋め立て地（当時は源蔵所持の新田）を掘り返して、元通りの溜池にしたいと主張しました。これに対して源蔵側は、①新田は領主に認められた自分の所持地であり、年貢も上納してきた、②溜池がなくても用水が不足することはない、③惣百姓側の主張は自分を妬《ねた》んでのものである、などと反論しました。けっきょく和解内容は、埋め立て地を元通り溜池に戻し、源蔵には別の場所で代替地を与えるというものでした。

ここで問題となっている土地は、以前は溜池であり村人全体の再生産に不可欠な村の共有地であったのに、当時は源蔵の所持地になっているという、複雑な経緯をもった土地でした。惣百姓側は、個別の土地所持権を否定してでも、用水不足という村の非常事態なのだから溜池という共有地に戻して当然だ、と考えていました。

実際に和解の結果を見ても、源蔵に代替地が与えられているとはいえ、溜池に戻すという惣百姓側の主張はいちおう通っているわけです。当時の社会では、こうした惣百姓側の論理も十分通用するものだったのです。

入会地をめぐる論理の相剋

以上の動向から、惣百姓と源蔵の論理を対比させつつ、入会地をめぐる問題を整理しておきましょう。

①惣百姓側は、共有地をいったん各村人に分割しても、その後の事情によっては再び元の共有地に戻すことを前提としていました。これに対して源蔵は、いったん

自分が所持した土地は、できる限り所持し続けようとしました。
②惣百姓側は、共有地を分割する際、各戸で平等に分け合おうとしましたが、源蔵は他の村人より多くの土地を手に入れようとしました。
③惣百姓側は、中小の百姓たちが中心となって村内の合意により目的を果たそうとしました。一方、源蔵のように経済的・身分的に上層の百姓は、独自に領主の承認を得ることによって目的を実現しようとしました。
④惣百姓側は、源蔵を規制して彼の所持地の拡大を抑制しようとします。しかし現実には、しだいに分割された土地の譲渡・質流れ・売却が進むことによって、有力百姓の元に土地が集まっていきました。
⑤一七世紀以来の特権的地位が揺らいできた有力百姓は、一八世紀になると名主として訴訟で村人のために奮闘するなど、村内での存在感を示しました。と同時に、入会地の分割などで新たな別格的地位を確保しようと努めてもいました。こうした過程を経て、旧来からの有力百姓は、その性格を少しずつ変化させながら、一八世紀以降の村社会の変容に対応していきました。
⑥一般に、共有地である入会地の利用方法は、村人たちが相談して決めることになっています。しかしそこには利害の対立がありました。対立の内容は村によって

さまざまでしたが、弓渡村の場合は「共有性」を維持または強化するか、それとも「私有性」を持ち込むか、というところにありました。どちら側に立つかは、個々の村人がおかれた経済的・社会的立場によって違いました。ただ、惣百姓のなかにも私有性への欲求と必要（自分の自由にできる土地を増やしたい、必要に迫られて土地を自由に処分したい、などの要求）はあるため、しだいに入会地は私有の方向に変化していきました。それでも入会地は、村人たちの生活と生産を支える基盤として、江戸時代を通じて存在し続けたのです。

村は、山野をめぐる内部の利害対立を調整して村人多数の利益を保障しました。と同時に、他村など外部に対しては、ときに争いも起こしつつ自村の権益を守ろうとしました。入会地の良好な用益を維持しようとする村の機能として、この両面を、統一的に理解することが大切です。

入会地も耕地も村のもの

弓渡村の事例からは、興味深いことが数多くわかります。

まず、共有地と耕地とはまったく別種の土地ではなく、相互に互換性をもっていたということです。溜池が新田となり、また溜池に戻ったのはその好例でしょう。これまでは、耕地・屋敷地は百姓の私有地、林野などの入会地は村の共有地と、両者は別物として考えられてきました。確かに両者は同じではありません。その違いは重要です。しかしそれは絶対的な差ではなく、置換可能な流動性をもっていたのです。

天明《てんめい》三（一七八三）年の浅間《あさま》山大噴火の際、被災して復興が困難な耕地に植林し、林野としての再生を図った村がありました。耕地から林野への転換の事例といえるでしょう。割地もそうですが、自然災害に対する村の対応のなかには、村の特質がよく表れている場合が少なくありません。その意味でも、災害史研究は重要といえます。

一七世紀後半以降、入会地はしだいに個々の村人に分割され、一部は耕地として開発されていきました。これには林産物の商品化が進むにつれて、村人たちが共同利用よりも、自分の家で独自に林野を利用するほうを望むようになったという事情もあります。

ここで注意したいのは、林野の分割が、即共有地から私有地への移行を意味するわけではないということです。分割後もなお、村による利用制限や持ち分譲渡の制限（他村の者への譲渡禁止など）は続いていました。その意味では、分割利用もまた入会地利用の一形態なのです。分割利用は、入会地が個別所持地に移行する過渡期のすがたである側面と、なお入会地として村の規制を受けている側面との両面をもっていたのです。

もう一つの例を見てみましょう。

武蔵国《むさしのくに》大里郡《おおさと》大麻生村《おおあそう》(現、埼玉県熊谷市《くまがや》)では、幕末の開港後に生糸の輸出がさかんになったのを見て、村人たちが養蚕・製糸をはじめようとしました。そのためには桑を植える土地が必要です。相談の結果、村の南を流れる川の河川敷にあった入会地を分割し、そこに各村人で桑を植えることになりました。村人たちが新たに商品生産を開始し、外国貿易にも関わっていこうとしたとき、入会地が重要な役割を果たしたのです。

入会地は自給的農業を支えるという意義のみならず、村人たちが商品・貨幣経済を発展させようとする際にも積極的な意義を発揮しました。入会地は、分割されていくことによって、村人たちの経済的発展を媒介したのです。

他方、第四章で述べたように、耕地・屋敷地に対しても村の規制は存在していました。これらの土地も、村の共同所有地という一面をもっていたのです。分割利用されている入会地と、耕地・屋敷地とは、かなりの共通性があるといえるでしょう。いずれにおいても程度の差はあれ、村(惣百姓)の意向によって個々の村人の土地所持が制約されていた点は共通していました。林野と耕地という用益形態の差はありますが、所有のあり方には共通点があったのです。ここからも、入会地と耕地との間の壁はそれほど高くなかったことがわかると思います。

村人たちにとって、山野は耕地とワンセットのものとして認識されていました。先にも述べたとおり、耕作には山野で採れる肥料が不可欠だったからです。耕地面積と草木の必要量とは対応関係にあるため、耕地を質入れ・譲渡する際、山野の入会権も付随して移動する例が広く見られました。

耕地・屋敷地・山野・川(用水)・道・橋などは、いずれも村人たちの生活に不可欠なものでした。それら全体が村の領域として、村の統一的管理下にあったのです。地種・地目の違いにかかわらず村の領域内の土地は、いずれも村の共同所有地という性格をもっていました。村は、領域内の土地利用を全体としてコントロールすることにより、持続的な農業生産と資源・環境の保護、生態系の維持を実現していたというわけです。村人たちの知恵によって生まれた、「人と自然との共生システム」だといえるでしょう。

このシステムを良好に維持していくためには、村人たちの緊密な協力が不可欠です。用水路を放っておけば、土砂が堆積《たいせき》するでしょう。岸の樹木が水路のなかまで張り出せば、流れが悪くなるかもしれません。また、道や橋は、通行に支障を来さないよう保守作業をする必要があります。そこで村人たちは、期間や日にちを決め、村人総出で用水路の浚渫《しゅんせつ》や岸の樹木の伐採、道・橋の修復作業などを行なったのです。耕地や屋敷地の維持は、第一義的には個々の所持者の責任とされました。しかし田植えなど一時に大量の労働力が必要なときには、「結《ゆい》」と呼ばれる家々の間での労働力の相互融通や、「もやい」と呼ばれる共同労働などを行ないました。

このように、村の生産条件や自然環境は、多様な共同労働（村仕事）によって維持・保護（メンテナンス）されていたのです。村は領域内の土地を統一的に管理し、村仕事によってそれを維持していました。こうした機能をもつ村を、村落共同体というのです。

江戸時代の村を見る場合には、第四章や本章で触れたような、所有と労働の両面における村の役割をおさえておくことが重要です。もっとも、江戸時代の村を、あまりに牧歌的に、理想郷のようにとらえてもいけません。江戸時代にも乱開発や自然破壊はあり、それをめぐる争いも起きていたことにも注意が必要です。

第六章　年貢はどのように取られたのか

本年貢の負担方法

前章までは、土地の問題を中心に村のあり方についてお話ししてきました。本章では、村人たちが領主に対してどのような負担を負っていたのかを見てみましょう。

百姓の負担の中核は、本年貢《ほんねんぐ》です。本年貢とは、高請地《たかうけち》（検地によって石高が決められた田畑・屋敷地）に賦課された年貢のことで、本途物成《ほんとものなり》ともいいます。

本年貢の賦課方法には、厘取法《りんとりほう》と反取法《たんどりほう》があります。厘取法は、石高に対して何割何分何厘というかたちで年貢率（これを免《めん》といいます）を掛けて年貢量を決定する方法です。反取法は、面積を基準に一反当たりの年貢額を決め、面積（単位：反）×反当たり年貢額＝年貢量というかたちで年貢量を決定する方法です。反取法の場合、年貢量の決定に際して石高は直接には必要とされません。

次に、年貢率ないし反当たりの年貢額を決める方法ですが、これには検見法《けみ》と定免《じょうめん》法があります。検見法は、毎年秋に領主役人が村に来て作柄を検査し（これを検見といいます）、それにもとづいて年貢率を決める方法です。検見の際には、適当な田を選んで一坪分の稲を実際に刈り、作柄を判定します。これを坪刈《つぼかり》といいます。

定免法は、過去何年かの収穫量の平均を元に前もって年貢量を決定してしまい、作柄の豊凶に関係なく一定量の年貢を徴収する方法です。定免には年期が定められ、年期が明けると更新される場合もありました。また定免期間中でも、凶作の年には臨時の検見による年貢減免が行なわれました。これを破免《はめん》といいます。これは、さらに、春先に前もってその年の年貢量を決めておく土免《どめん》法もありました。定免法と多くの共通点をもっています。

年貢率は、各百姓の持高の多寡には関係なく一律です。本年貢は累進課税ではありませんでした。そのため、小百姓ほど負担が重く感じられたことでしょう。

村に年貢割付状がやってくる

次に、毎年の本年貢がどのように賦課・徴収されたのか、具体的に見てみましょう。取り上げるのは、下総国相馬郡《しもうさのくにそうま》川原代村《かわらしろ》（河原代村とも。現、茨城県龍ヶ崎市《りゅうがさき》）の事例です。同村は、旗本土屋家の知行地《ちぎょうち》（領地）でした。

まず、毎年九〜一〇月に、次に示すような年貢割付状《ねんぐわりつけじょう》（免定《めんじょう》ともいいます）が、旗本の役人から名主・組頭・惣《そう》百姓に宛てて出されます。年によっては、それに先だって検見が行なわれることもありました。

次の史料を見てください。これは、嘉永《かえい》元（一八四八）年の年貢割付状です。

申年貢可レ納割附之事

下総之国相（ママ）
河原代村

一、高千三石九斗七升四勺
内六石弐斗五升　柏田村野銭高ニ入
此訳
上田三町四反四畝九歩　反六斗六升取
壱畝三歩　溝代引
廿弐歩　宝暦《ほうれき》三酉年
芳黄用水堀ニ成

明和《めいわ》七寅年
弐畝九歩　上畑ニ成
丑年
内　拾歩　小屋用水堀
寛政《かんせい》八辰年迄不作改
壱畝拾五歩　上畑ニ成
壱町弐反六畝三歩　当検見引
壱反九畝拾歩　当不作皆引
拾八歩　平均引
小以壱町五反弐畝歩
残上田壱町九反弐畝九歩
取米拾弐石六斗九升弐合
（中田・下田・新下田・下々田略）
上畑八町五反八畝廿壱歩　反百五文取
（諸引略）
小以八畝拾五歩

残上畑八町五反六歩
　取永八貫九百廿七文壱分
（中畑・下畑・屋敷等略）
取米三百五拾石五斗壱升七合
　口米拾石壱升五合
納合米三百六拾石五斗三升弐合
　此俵千三拾俵三升七合
　永百拾七貫四百六拾四文五分四厘
右者、当申田方任レ願令二検見一取箇申付候条、村中大小之百姓入作之もの迄立合
無二甲乙一令二割賦一、米俵拵等入レ念、来十一月十五日限、米永共急度可レ令二皆済一候、
若於二遅滞一者可レ為二落度一もの也
　嘉永元申年九月
木村藤左衛門（印）
熊　斎右衛門（印）
三　幸右衛門（印）
河原代村

名主
組頭惣百姓中

川原代村では、反取法が採用されていました。

まず上田の面積から控除分を引いて、課税面積を出します（一町九反余）。控除されたのは「溝代引《みぞしろひき》」などです（溝代引とは、上田を溝、つまり水路に転用した部分の控除分のことです）。それに一反当たりの年貢額（六斗六升）を掛けて、上田の本年貢量を算出します（一二石六斗余）。

中田・下田・新下田・下々田・上畑・中畑・下畑・屋敷についても、同様の計算が行なわれます。田は米、畑は銭で賦課されています。米納年貢量を合計した「取米《とりまい》」に、付加税としての「口米《くちまい》」を加えたものが、納入すべき米の総量三六〇石余となります。

幕府領などでは、輸送途中の目減り分を補塡《ほてん》するという名目で、さらに「欠米《かんまい》」が加えられます。銭についても、総納入額が記されます（永《えい》一一七貫余）。そして、これらを嘉永元年一一月二五日までに、全額納入するよう命じているのです。

この年貢割付状では、銭に「永」という単位が用いられています。ここで、永も含めた江戸時代の貨幣制度について述べておきましょう。

江戸時代には、金・銀・銭三種の貨幣が併用されました。これを三貨といいます。金貨には大判・小判などがあり、その単位は両・分《ぶ》・朱でした。一両＝四分、一分＝四朱という四進法を使い小判一枚が一両となります。次に、銀貨の単位は貫・匁《もんめ》で、一貫＝一〇〇〇匁でした。

銭貨の単位は貫・文で、一貫＝一〇〇〇文です。寛永通宝など銅銭一枚が一文でした。また、永という単位が使われることがありましたが、これは中国からの輸入銭である永楽《えいらく》通宝のことで、江戸時代には実際には流通しておらず、単位としてのみ用いられました。金一両＝永一〇〇〇文になります。三貨相互の交換比率は時と場所によって変動しましたが、おおよその目安として、金一両＝銀六〇匁＝銭五〇〇〇〜六〇〇〇文くらいと考えればよく、金一両でほぼ米一石が買えました。

江戸時代の貨幣価値が、現代でいくらになるかは難しい問題です。日本人の主食である米の値段を基準に考えると（同量の米が、江戸時代と現代とでそれぞれいくらするかを比べます）、金一両＝五万五〇〇〇円、銀一匁＝六六〇円、銭一文＝九円くらいとなります。一方、賃金水準をもとに考えると（大工など同一の職種の賃金が、江戸時代と現代でそれぞれいくらかを比べます）、金一両＝三〇万円、銀一匁＝四〇〇〇円、銭一文＝四八円くらいとなります。いずれにしても、これらはあくまで一つの目安にすぎません。（磯田道史『武士の家計簿』）

納税証明書にあたる年貢皆済目録

村では、年貢を何回かに分けて納めました。領主からはそのたびに、小手形《こてがた》という領収書が渡されました。最終的に年貢が皆済《かいさい》されると、それまでの小手形全部と引き換えに、領主から年貢皆済目録が出されます。一例として、川原代村の嘉永三年分の年貢皆済目録を見てみましょう。

（表紙）

「　嘉永三年

米永皆済目録帳

戌十二月　　河原代村」

米方

一、米八百九拾六俵壱斗六升弐合　戌上納辻

内

米壱俵　　　　　　　八幡宮御奉納
米拾六俵　　　　　　木村藤左衛門給米被レ下
米弐俵　　　　　　　木村武左衛門給米被レ下
米弐俵　　　　　　　木村次郎兵衛給米被レ下
米九俵　　　　　　　同人江扶持米被レ下
（中略）
　小以永百（米カ、ママ）四拾壱俵
差引而
米七百五拾五俵壱斗六升弐合　上納仕候
　永方
一、永百拾七貫四百六拾四文五分四厘　畑方
一、永九貫八百八拾弐文五分　夫金
一、永弐貫弐百五拾文　御餝
　　　　　　　　　　　草藁
一、永五貫七拾七文　国役銀

小以永百三拾四貫六百七拾四文四厘
　此　納
永弐百五拾弐文三分三厘三毛　字巻場半取下ヶ
永壱貫文　木村武左衛門江被レ下
永五百文　同人江定使給被レ下
永廿壱貫文　夫人七人分給金
永五貫七拾七文　国役銀上納
永拾七貫三百七拾五文　夏成金上納
永拾六貫弐百五拾文　秋成金上納
（中略）
小以永百三拾四貫六百拾弐文三分八毛
差引而
　永六拾壱文七分三厘弐毛　此度上納仕候
右者、当戌御年貢米永上納其外書面之通上納仕候、以上
　御知行所
　下総国相馬郡河原代村

名主

木村治郎兵衛（印）

嘉永三戌年十二月

御地頭所様

御役所

前書之通相改相違無レ之奥印

亥十二月

三浦幸右衛門（印）

木村藤左衛門殿

まず、上納すべき米の総量（八九六俵余。この場合、一俵は四斗入り。一石＝二・五俵となる）より、領主から村の神社（八幡宮）への奉納米や、領主のために働いた村人たちへの給料（給米・扶持米《ふちまい》）などが差し引かれます。実際に上納した量は、七五五俵余と記されています。また、貨幣で納める分についても、本年貢（「畑方《はたかた》」）とその他の上納分（夫金《ぶきん》など）とを合算したものから給金などが差し引かれます。こちらの上納額は永六一文余となっています。

畑方の本年貢は、三期に分けて上納されており、夏と秋にすでに納入済みの分（「夏成金《なつなりきん》上納」「秋成金上納」）が差し引かれています。「夏成金」は、年貢割付状が出される以前にすでに納入されているのです。つまり、年貢割付状を受けて、一二月段階での残額を上納したというわけです。上納額が、永六一文余と少額になっているのはそのためです。

以上の精算内容を記した目録を、川原代村名主が領主の役所に提出し、領主の役人（三浦幸右衛門《こうえもん》）が内容を確認したうえで、村方に下付しました。なお、名主が年貢皆済目録を提出してから確認が済むまで丸一年かかっていますが、これは実際の精算が長引いたことを示しているのでしょう。ちなみに、木村藤左衛門《とうざえもん》とは、川原代村に住む割元《わりもと》です。割元とは、旗本土屋家の知行所村々全体を統括する役職で、名主の上位にありました。

年貢皆済目録には、このように村方で作成して領主の確認を受ける形式のものと、最初から領主側が作成して村に交付する形式のものがありました。

年貢割付状と年貢皆済目録は、いずれも年貢額や皆済の記録として重要なものでしたから、村方では連年の分を大切に保管しておきました。私たちもこれらの文書から、村の地目別耕地面積や石高、年貢量・率とその年次的変遷、本年貢以外の諸負担の内容など、村を理解するうえでの基本的な知識を得ることができます。

自律性を育んだ村請制

この年貢割付状で注目したいことは、川原代村が納めるべき年貢の総額が記されているだけで、村人一人一人の納入額の記載はないということです。これは、今日われわれが受け取る納税通知書と大きく異なっています。割付状の宛先も「名主・組頭・惣百姓」となっています。要するに、村全体に宛てたものなのです。領主は村全体の納入額と割付の原則を示すだけで、あとの個別の割当・徴収は、すべて村に任せているというわけです。

このように、本年貢・諸役などを、一村の惣百姓の連帯責任で納める制度を「村請《むらうけ》制」といいます。

村の自治に依拠するかたちで行なわれたのは、年貢徴収だけではありません。法令の通達をはじめ、村行政全般もそうでした。法令が村に廻《まわ》ってくると、名主はまずそれを写し取ります。そのうえで村人たちを集めて読み聞かせたり、法令の写しを回覧したり、名主宅に張り出したりして周知を図りました。重要法令の場合は、法令を遵守する旨の請書《うけしょ》を村人たちから徴することがありましたが、そのときも村人たちは、一枚の請書に連署して領主に提出したのです。法の周知徹底も、村に任されていたといえるでしょう。なお、村内の要所には常に、最重要法令を木の板に記した何枚かの高札《こうさつ》が掲げられていました。この掲示場のことを「高札場《こうさつば》」といいます。

その他、治安警察・消防・教育・医療など、生活上重要な諸機能は基本的に村が果たしていました。現代の私たちは、公立学校などで義務教育を受け、火事があれば一一九番に連絡し、泥棒が入れば一一〇番します。しかし江戸時代の村には、公立学校も消防署も警察署もありませんでした。教育は私立学校である寺子屋に通い、火事や盗難の際には村人たち自ら消火や捜査に当たりました。領主への提出文書も、村が責任をもって作成しました。今日なら国や地方自治体が行なう行政のかなりの部分を、江戸時代には村が請け負っていたのです。

中世後期から、全国的に惣村などの村人たちが自治的に運営する村が生まれてきました。惣村は、年貢の徴収・納入を村で請け負い（地下請《じげうけ》・百姓請・村請）、固有の財産（惣有財産）をもち、掟《おきて》を定め（惣掟・村掟）、警察・司法権を行使し（自検断《じけんだん》・地下検断）、重要事項は村寄合で決定しました。

そして基本的に、江戸時代の村も、中世の村で育《はぐく》まれた自治能力を継承していました。年貢村請や警察権、入会地や「村持地《むらもちち》」などと呼ばれる共有耕地、村の運営費（村入用《むらにゆうよう》）の徴収、また、村掟（村法）の制定、寄合による村の方針決定など、ほぼ中世の惣村のかたちを引き継いでいるのです。

ただし、統一政権の成立により、領主と百姓の力関係は領主に有利なほうへと傾きました。この点は軽視できません。それでも、江戸時代の年貢は、領主が一方的に決めて百姓から有無を言わさず搾取するというものではなく、領主が提示した額を百姓が了承して請け負うというかたちをとっていたのです。領主と百姓とは対等ではありませんでしたが、年貢の取り立てには、たとえ形式的な側面があったとしても両当事者の合意が必要とされました。もし納得できなければ、百姓側は異議申し立てを行なうこともできたのです。

さらに、年貢を徴収する前提として、領主には一定の責務が求められました。大河川の治水工事など農業基盤の整備に努めたり、不作のときには困窮百姓に米や金を支給して助けたりしました（「お救い」）。もちろん、武力を背景に平和を維持することも領主の責務です。領主は百姓に「仁政《じんせい》」を施し、「百姓成立《なりたち》」を支えるべき責任を負っていたのです。財政難などにより「仁政」を施せなくなった領主は、百姓から厳しく批判されました。

つまり、領主と百姓との関係は、双務的な関係だったのです。領主が「お救い」などで百姓の生活を保障する代わりに、百姓は年貢を上納していたというわけです。この双務的な関係は、実は中世以来、村に依拠して生活改善に努めてきた百姓たちが、領主に認めさせた成果だという側面をもっていたことを忘れてはなりません。

百姓たちにとって、村請制にはプラスとマイナスの両面がありました。村請制のもとでは、一軒の百姓が経営破綻《はたん》した場合、その家が負担すべき年貢は他の村人が肩代わりしなければなりません。連帯責任制です。しかし逆に見れば、村請制は惣百姓が多様な側面で助け合う契機ともなり、村落共同体の結束を強める方向にもはたらいたのです。

もう一つ、村から武士が去って行ったことも、百姓たちの自治的運営能力、行政能力を高めることにつながりました。江戸時代になると、領主はたまにしか村に来ませんでした。村の内情について領主の知らないことはいくらでもあったのです。村の側では、年貢納入などに差し支えない限り、領主へは選択的に情報を提供していました。兵農分離と村請制により、領主は年貢の賦課・徴収など煩雑な実務の多くを村に任せ、居ながらにして年貢を受け取ることができたのです。その代わり、村は領主の関知しえない固有の領域を確保することが可能でした。兵農分離にも、村にとって望ましい側面があったのです。

ですから、村請制を領主が百姓を村に縛り付けるためにつくった仕組みとして、一面的に評価してはいけないのです。

また、先に連帯責任制と述べましたが、ある百姓が年貢を払えない場合、まずは兄弟・親類、五人組のメンバーなどが肩代わりして払いました。裕福な百姓から借金することもありました。それでも皆済できなければ、名主（庄屋）が立て替えました。名主は、一村の年貢を皆済する責任を負っていたからです。ですから名主には、立て替えができる程度の経済力が求められました。

ただし、立て替えてもらった分は、利子を付けて返済しなければなりません。もし返せなければ、担保に入れた土地が名主の手に渡ることになります。年貢立て替えの結果、名主が所持地を増やしていくケースも少なくありませんでした。逆に、立て替え分を円滑に回収できず、経営を悪化させる名主も現れました。これらはいずれも、村請制であるがゆえに生じた事態なのです。

百姓個々への年貢の割付と徴収

年貢割付状と年貢皆済目録とは、年貢賦課・徴収の始点と終点を示すものです。では、割付状交付から皆済目録交付までの間には何があったのでしょうか。川原代村で田の年貢を徴収する場合を見てみましょう。

年貢割付状の発給を受けると、まず村役人を中心に、百姓たちが納入すべき年貢額を決定する作業に入ります。そして一〇月頃には、「田方勘定帳」という帳面が作られます。川原代村は、村内が「坪」と呼ばれる一〇以上の小単位に分かれていました。「田方勘定帳」は、各坪ごとに納めるべき年貢量を算出した帳簿です。村内における年貢勘定は、坪ごとに行なわれていたのです。

「田方勘定帳」で坪ごとの年貢量が決められたのを受けて、一〇月（たまに一一月）に「田方割賦《わっぷ》帳」が作られます。これは坪ごとに作成され、坪の百姓が納めるべき田方年貢量を一人ごとに記載した帳簿です。一人一人に年貢を割付けることを小割《こわり》といいます。

こうして、領主→村（「年貢割付状」）、村→坪（「田方勘定帳」）、坪→百姓（「田方割賦帳」）へと、順に年貢米の割付が行なわれていきました。村→坪、坪→百姓への割付は、村が自主的に行ないます。各百姓の年貢負担額は、村が決定していたのです。領主は、反取法や厘取法によって負担の基準を示すのみで、あとは村に任せていました。

割付の次は徴収です。年貢米の納入にあたっては、「御年貢米斗立名前帳《はかりたてなまえ》」、「御年貢米斗立庭帳《はかりたてにわ》」という二種類の帳簿が作られました。

前者は、各百姓の年貢米納入状況を、九月から日を追って書き留めたものです。後者は、各坪ごとに、いつ、誰が、どれだけの年貢米を納めたかを記したものです。すなわち、前者には時間順、後者には坪単位に年貢米納入状況が書かれているのです。割元や村役人は、この二種類の帳簿によって各百姓の納入状況を把握しました。両帳簿はともに、九月頃から記載がはじまっています。「田方割賦帳」によって各百姓に年貢が割付られる以前から、少しずつ年貢米が納入されていたのです。

同様に、畑の年貢についても別途帳簿が作られて、割付・納入が行なわれます。

これらの過程を経て年貢の納入が完了すると、年貢皆済目録が発給されました。年貢割付状と年貢皆済目録の間には、百姓たちによる帳簿作成をともないながら、ここで見たような作業が行なわれていたのです。

百姓たちにとっては、領主から賦課される年貢量とともに、村内での割付も大きな関心事でした。領主の賦課に納得がいかなければ、領主に対して訴願しました。ときに「百姓一揆《いっき》」に発展することさえありました。一方、村内での割付は、名主など村役人が中心になって行ないましたから、その過程に疑惑があれば、百姓たちが名主の不正を糾弾する「村方騒動（村方出入《でいり》）」が起こりました。

村請制は、各自の年貢納入額を百姓たちが相談・合意のうえで決定するという点で、村の自治能力に依拠し、かつそれを高めるものでした。しかしその過程では、村内の軋轢《あつれき》を発生させるものでもあったのです。

本年貢以外の百姓の負担

次に、本年貢以外の百姓の負担を列挙しておきましょう。

小物成《こものなり》——貢租のうち、田畑以外の山林・原野・河海などからの生産および商工業の利潤に対して賦課される雑税の総称です。本年貢に対して「小年貢」ともいいます。各地で採れたものや、茶・漆のような特産物を納めさせるもの、商工業に課される運《うん》上《じょう》・冥加《みょうが》など、いろいろなかたちがありました。小物成には、地域と課税対象により、山年貢・野年貢・野銭・茶年貢・漆年貢・池役・網役（漁業に使う網に対して賦課されるもの）など、多種多様な名称が付けられていました。川原代村の年貢割付状にある「野銭」や、年貢皆済目録の「御餝草藁《おかざりくさわら》」（領主の使う松飾りや草・藁の代金を納めるもの）は、小物成の一つです。

高掛物《たかかかりもの》——村高に応じて課される付加税です。幕府領では「高掛三役」と呼ばれました。高掛三役とは、御伝馬宿入用《おてんましゆくにゆうよう》（主要街道の宿駅の維持費用）・六尺給米《ろくしやくきゆうまい》（江戸城で働く奉公人に支給される米代）・御蔵前入用《おくらまえにゆうよう》（江戸浅草《あさくさ》にある幕府米蔵の維持費用）の総称です。年貢割付状などに高掛三役が記載されていれば、その村は幕府領ということになります。

国役《くにやく》――大河川の修復や朝鮮通信使の来日、将軍の日光《にっこう》東照宮への社参など、多額の費用を要する国家的事業の際に、その経費をまかなうため、幕府が国単位で賦課した臨時的課役です。川原代村の年貢皆済目録にも「国役銀」が記載されています。

夫役《ぶやく》――領主への労働力の提供です。河川や道路の土木工事などに使役されたのですが、しだいに実際の労働力提供ではなく、貨幣で支払うこと（代銭納《だいせんのう》）が多くなっていきました。川原代村の年貢皆済目録にも「夫金」（夫役の代銭納化されたもの）が記載されています。次に述べる助郷役も夫役の一種です。

助郷役《すけごうやく》――主要街道には、幕府・大名などの公用通行を支えるために、宿駅《しゆくえき》が置かれました。宿駅には一定数の人馬を常置して、通行者に提供することが義務づけられました（伝馬役《てんまやく》）。ところが交通量の増大にともない、宿駅の人馬だけでは不足するようになっていきます。そこで宿駅周辺の村々にも、宿駅の補助として人馬の提供が命じられました。これら村の務める伝馬役を助郷役といいます。

村入用《むらにゅうよう》――村入用とは村を運営していくための費用のことで、村役人の給料、村役人が勤務上使用する紙・筆・墨などの費用、村役人の出張費、用水路の維持・修復費、年貢納入に付随する諸経費などからなっていました。これらは、百姓の所持石高に応じ(高割《たかわり》)、あるいは家ごとに均等に(軒割《のきわり》)、賦課されました。村入用は、領主に納めるものではありません。村入用の賦課・徴収のために、「村入用帳」などと呼ばれる帳簿が作成されました。

山野をめぐる権利の駆け引き

ここで小物成に関連し、山野の所有について述べておきましょう。山野については、第五章も参照してください。

山野は、耕地以上に排他的・独占的所有が困難な領域でしたから、入会地として、一村または複数の村々で共有される場合が多かったのです(一村入会、村々入会)。幕府や領主が良質の材木を独占するために、百姓の利用を禁止ないし制限した「留山《とめやま》」(御林《おはやし》)もありました。また、山奥などでは境界が未確定のところや、境界がはっきり線引きされず、一定の幅をもった境界領域として存在していたところもありました。

江戸時代には、百姓の田畑に対する権利を「所持」とよんだのに対し、入会地に対する権利は「進退」といいました。「進退」は「所持」に比べ、地盤所有権としての性格が相対的に弱く、用益権としての性格が強いものです。村が入会地を確保していくためには、そこを継続的に利用していなければなりません。そして、必要であれば訴訟によってでも、その権利を繰り返し確認したのです。領主側が土地をめぐる訴訟を裁く際、田畑についての原則は、そこが検地帳で誰の名請地になっているかで判定する「検地帳主義」でした。これに対して山野の場合は、現地における利用の先例・慣行を重視する「先例主義」がとられました。

入会地では、たとえば杉・檜《ひのき》などの限定された良木は領主が伐《き》り、雑木や下草は百姓たちが採り、さらに木地師《きじし》と呼ばれる木材加工の職人たちも材料を求めて入山してくるといった具合に、異なる身分階層の人々が同一の土地をそれぞれの目的に応じて利用し、「棲《す》み分け」ている場合が広く見られました。こうした用益形態は、漁村における漁場利用のあり方と共通点があります。

小物成が賦課されたことでもわかるように、山野にも領主の支配はおよんでいました。豊臣秀吉《とよとみひでよし》は、検地にあたって山野の大部分を、石高をつけない「高外地《たかがいち》」としました。高外地は秀吉の領有下にあるものとしましたが、この原則は徳川《とくがわ》氏にも継承されました。

山野には耕地以上に、大名・旗本などの個別領主を抑えて、統一政権の力が強くおよんだのです。この原則は、山野を開発して耕地化することが重要課題とされた享保《きようほう》期（一七一六〜三六）に、改めて強調されます。享保七（一七二二）年九月、幕府は、幕府領・大名領・旗本領が入り組んだ地域で開発された新田は、すべて幕府領に編入することを明示したのです。全国の山野は将軍の領有地なのだから、そこを開発してできた耕地はすべて将軍のものになるという理屈です。

先に見た弓渡《ゆみわたし》村の場合も、大名領でありながら幕府が新田開発を進めようとした背景には、こうした幕府の方針があったのです。この論理は、幕末にいたるまで繰り返し主張されました。大名・旗本は、この論理に正面から対抗することはできません。将軍が全国土の領有者であるという論理は、単なる観念論ではなかったのです。幕府はこの論理にもとづき、幕末まで何度か、それも集中的に、新田開発を試みました。

もっとも、大名たちは幕府の論理に唯々諾々と従ったわけではありません。村々の反対運動を背後から支援したり、一国を丸ごと支配する国持大名なら「一国一円」の論理を用いたり、それぞれの方法で幕府に抵抗もしたのです。一国一円とは、「自分は○○国を耕地・山野を含めて丸ごと将軍から拝領したのだから、その国内で開発された新田は自領となる」という論理です。幕府といえども、自らの論理を十全に実現することはできなかったのです。

山野に関しては、この二面をともにおさえる必要があるでしょう。理念的には将軍のものとされたという面と、現実には大名らの抵抗により理念が貫徹できない場合があったという面です。

なお、耕地・屋敷地・山野に対する武士の所有（領主的所有）については、将軍―大名・旗本―大名家臣といった各レベルの所有が重層していたのですが、将軍と大名らのどちらの所有を中心に考えるかはなかなか難しい問題です。

第七章　村落共同体とは何か

教育——子供は村の宝

ここまでは、土地所有への村の関わりや領主の土地の把握のしかたに着目し、土地所有の側面から江戸時代の特徴について見てきました。現代の私的土地所有とは異なり、百姓の土地所持が村による共同所有に下支えされていたことは、おわかりいただけたと思います。しかし村は、土地所有以外にもさまざまな面で、村人の生活と生産を助けていました。本章では、村のもつ多様な役割について述べていきます。

まずは教育です。現代の教育の場は、主に学校・塾などの教育機関および家庭です。ところが江戸時代には、教育の面においても村の役割が大きかったのです。子供は村の未来を担う宝であり、その成長には村も責任を負っていました。子供は「家の子」として育てられると同時に、「村の子」としても育てられるべき存在だったのです。

村による産育《さんいく》・教育の基本目的は、子供が無事に育つことと、一人前の村人として必要な、生活のルールや知識を身につけることでした。

江戸時代の乳幼児死亡率は、現代よりはるかに高いものでした。子供が無事に成長することが、まずはいちばん大事だったのです。そのため、教育の前提として産育がありました。子供の成長の節目には、さまざまな通過儀礼がありました。お七夜（子供が生まれて七日目の祝い）、宮参り（子供が生まれて後、はじめて産土神《うぶすながみ》に参詣《さんけい》すること。生後何日目に行なうかは地域と時代によって差があるが、たとえば男子は三一日目、女子は三三日目などに行なう）、食い初め（生まれて一〇〇日目または一二〇日目の乳児に箸《はし》を持たせて食べるまねごとをさせる祝い）、初節句、誕生祝い、七五三などです。

これらは今日にも受け継がれていますが、今は両親・祖父母・親戚《しんせき》などで祝うのに対し、江戸時代にはそれ以外の多くの村人も集まって、ともに祝いました。これらは家の行事であると同時に、村の行事でもあったのです。宮参りや七五三でお参りするのも、もちろん村の産土神（鎮守）のお社《やしろ》でした。

七歳を過ぎた子供たちは「子供組」という集団を組み、大人の指導下にさまざまな行事を行ないました。たとえば天神講《てんじんこう》をつくって学問の神様・菅原道真《すがわらのみちざね》を祀《まつ》り、学問の上達を祈るとともに、共同飲食して楽しむ、などの慣習は、多くの村で見られます。

子供は一五歳になれば、一人前の村人と認められました。そこで男は「若者組（若者仲間）」、女は「娘組」に属し、それぞれに仲間の交流を深め、また集団の規律を学びました。若者組は、「若衆宿《わかしゅ》」という共同生活のための施設ももっていました。青年期は体力的には人生で最高の時期ですから、若者組のメンバーは、たとえば台風が来たときに河川の氾濫《はんらん》防止のために土嚢《どのう》を積むなど、非常時・平常時を問わず、村の力仕事を率先して行ないました。村の消防や警察力の中心も彼らでした。また、村の神社の祭礼も、若者組が中心になって行ないました。

自主的に集団生活を営むことは、集団としての自己主張や外からの規制への抵抗につながる面があります。若者組主体の祭礼も、ときには派手になりすぎて、村役人や領主にとがめられることがありました。しかし基本的には、若者たちは村役人の監督下に、青年にふさわしい役割を果たしつつ、村のルールを身につけていきました。あくまでも、若者組、娘組は村のなかの一組織であり、村の教育機関としての役割をもっていたのです。

以上のような村による教育は、皆さんがイメージする教育とはかなり違っているのではないでしょうか。今日教育といえば、主に子供個人が学力・知識を習得することを意味しています。ただ、現代でも教育問題や未成年者の犯罪などに関連し、「しつけ」や「地域社会の教育力」などが問題にされるように、教育とは本来、社会生活を十全に営む力を身につけるという幅広い内容を含んでいるものです。江戸時代には、教育のなかでも社会性を育《はぐく》むという側面が、今よりずっと重視されていました。そのため家庭教育だけでなく、村における「群の教育」が行なわれたのです。

江戸時代における変化の方向としては、しだいに村の教育の比重が低下し、家の教育の比重が増加していったことでしょう。家の教育といっても、家庭教育のみを指すのではありません。家庭教育ならば、村の教育と並んで、江戸時代前期から行なわれていました。

ここで注目したいのは、親が子供を寺子屋（手習《てならい》所・手習塾）に通わせるようになるという変化です。江戸時代には庶民の義務教育制度はありませんでしたから、お金をかけてまで子供を寺子屋に通わせるかどうかは親の判断に委《ゆだ》ねられていました。その結果、寺子屋の数も、そこで学ぶ子供の数も、しだいに増えていったのです。

村の教育が、主として集団のなかでのコミュニケーションを通じて行なわれたのに対し（非文字教育）、寺子屋の学習においては生徒一人一人の学習内容がそれぞれ異なっており、また教科書を使用し、文字を介した学習が中心となりました（文字教育)。現代に近い意味での教育が行なわれるようになっていったのです。

村が寺子屋の師匠を雇う

寺子屋教育は普及しましたが、それにともなって村の教育機能のほうは一路衰退、消滅していった、というわけではありません。非文字教育・非文字文化の存在意義は失われませんでした。また、寺子屋教育自体を、村がバックアップするという一面もあったのです。信濃国《しなののくに》(現、長野県)諏訪《すわ》郡の事例を見てみましょう。

芹ケ沢村《せりさわ》(現、長野県茅野《ちの》市)には寺子屋がありませんでした。そこで安永《あんえい》六(一七七七)年、備前国《びぜんのくに》(現、岡山県)出身の観亮《かんりょう》という人を、手習いの師匠として招きました。村は彼のために、住居を用意しました。観亮は村に定着し、村は彼が病気になったときの医療費をはじめ、死んだときには葬儀費用まで負担しています。

笹原新田村《ささはらしんでん》(現、長野県茅野市)では文政《ぶんせい》六(一八二三)年、村人たちの要望によって、村外から三か年契約で寺子屋師匠を雇い入れ、生活の一切をまかなえる程度の米穀を支給しました。この契約は、以後も数度にわたって更新されています。

瀬沢村《せさわ》(現、長野県諏訪郡富士見《ふじみ》町)でも弘化《こうか》四(一八四七)年、村役人が領主の高島藩《たかしま》(諏訪藩)に宛てて、村に手習い師匠がいないことを理由に、甲斐国《かいのくに》(現、山梨県)から俊助という人物を招き、翌年から五年間、手習い師匠として村に住まわせるための許可を求めています。

いずれも村による寺子屋師匠招聘《しょうへい》の事例です。寺子屋の師匠は、村役人や村内の寺社の住職・神職が兼ねることが多かったのです。しかし村によっては村内に適任者がいないこともありました。そのような村でも、子供を寺子屋に通わせたいという親は増えていきます。その場合には他村の寺子屋に、子供を遠距離通学させなければなりません。

そうした不便を解消するために、村が主体となって他所《よそ》から師匠を招聘し、彼にさまざまな便宜を図り、村での教育を委託したのです。いわば公立小学校の先駆といったところでしょうか。といっても、これは幕府や大名などが上から設置したものではありません。あくまでも村人たちの要求を受けて、下から自主的につくられたものでした。

また、ここでは村が主体となっていることも重要です。寺子屋教育の普及によって、村の教育機能は相対的に見れば低下しつつも、他方では寺子屋教育の実施を援助するというかたちで新たな教育機能を発揮しているのです。村人たちの教育に求める内容が変化し、それに応《こた》えるべく村が新たな役割を果たしはじめたというわけです。

江戸時代の村では、多様なかたちの教育が相互に補完し合いながら、またその比重を変化させながら、教育機能が果たされていました。そして村の教育機能は、江戸時代を通じて変化しながらも、重要な意味をもち続けたのです。

村が医師を雇う

村による寺子屋師匠招聘と似ているのが、医師の招聘です。まず、具体例を見てみましょう。信濃国諏訪郡高森《たかもり》村（現、長野県諏訪郡富士見町）では、文政六（一八二三）年六月、高島藩に次のように願い出ています。

高森村には医者がいないため、急病人が出たときにはたいへん困っています。そこで、甲斐国巨摩《こま》郡小淵沢《こぶちざわ》村（現、山梨県北杜《ほくと》市）の前原為三《ためぞう》という医者を、今年から足かけ五年間、妻子ともども村に招き、村人の治療に当たってもらいたいと思うので、許可してくださるようお願いします。

この招聘は実現しました。前原為三は医者としての腕も良く、実直な性格で村にもなじみ、特に老人・子供が急病のときなどは、大いに活躍しました。そこで高森村では藩に宛てて、文政九年一一月と天保《てんぽう》三（一八三二）年一月の二回、それぞれ五年間の滞在期間延長許可願いを提出しています。

幕府・大名は、庶民に対する体系的な医療制度をもっていませんでした。病にかかったとき、村人たちは村の鎮守に平癒祈願をしたり、宗教的・呪術《じゅじゅつ》的な方法で治そうとしていたのです。しかし、しだいに医者にかかり、薬を飲む機会も増えてきました。すると村にも医者がほしいという村人たちの願いが強まり、村はそれに応えて村外から医者を招聘するようになったのです。村による、下からの無医村解消策といえるでしょう。

社会的弱者への互助・救済のしくみ

村は、老人・病人・孤児・寡婦など、社会的弱者・困窮者に対する保護・救済機能をもっていました。疾病・傷害・老齢などにより村人の生活が困窮したときは、まず家族・親族が扶養します。しかし経済的理由などから、それだけでは扶養が困難という場合もあるでしょう。そのときは、同族団や五人組、さらには村が援助の手をさしのべました。

五人組は、村内で五戸前後を組み合わせてつくられた組織です。一七世紀に幕府・大名が治安維持・年貢納入の連帯責任を負わせるために設定しました。しかし成立後は、五人組構成員の相互扶助組織として、積極的役割を果たした点も重視すべきです。

村では、五人組構成員の名前を書き上げた「五人組帳」が作成されました。五人組帳の冒頭には、百姓が守るべき事柄を列挙した「五人組帳前書《まえがき》」がつけられることもよくありました。さまざまな地縁的・血縁的集団が、相互に補完し合いながら相互扶助を実現していたのです。

具体的にいうと、村の金を支給または貸与したり、村が住居や仕事を世話したりしたのです。たとえば川縁《かわべり》の村では、困窮した村人に、村人を対岸に渡す船頭の仕事を務めさせました。あるいは村内の連絡係を任せることもありました。村の仕事を任せて給金を支払うことで、その生活を成り立たせようとしたのです。また、村の有力者が困窮者に金品を与えたり、有力者の家で吉凶があった際に広く金品を配ることもありました。これらは一見、有力者の個人的な行為のようですが、背後にはそうした行為をうながす村の力がはたらいていたのです。

さらに困窮者救済のために、無尽《むじん》や頼母子《たのもし》（講）がつくられることもありました。無尽と頼母子はほぼ同様のもので、発起人（親）が参加者（出資者）を募って組合（講）をつくる、相互金融組織です。参加者は定期的に一定額の掛け金を出し、メンバーはくじ引きなどによって順番に、掛け金の額相応の金品を受け取っていくというかたちです。困窮者救済を目的とする無尽・頼母子の場合は、最初に困窮者が金を受け取ることに決めておきます。困窮者はその金で、経営の立て直しを図ることができたのです。

もちろん、村独自では対処しきれないような広範囲の災害・凶作・飢饉《ききん》などの際には、幕府や大名も、金や穀物を施与・貸与するなどの救済活動を行ないました。しかし基本的には、村の自力救済と相互扶助に委ねていたのです。

また老人たちは、念仏講などの宗教的な講を組織したり、現役の家長たちの相談役になったりと、隠居後も村のなかで固有の位置を占めていました。そうした役割は、老人たちの生き甲斐にもなっていたことでしょう。

公的社会保障制度が整っていなかった江戸時代には、高齢化・疾病・働き手の死去などにより困難な状況に陥ってしまった村人にとって、村やさまざまな集団の援助は、生きていくための大きな支えとなっていたのです。

村をあげての婚姻・葬儀・祖先祭祀

婚姻や葬儀・祖先祭祀《さいし》にも、村は深く関わっていました。

江戸時代の婚姻は、当事者および家にとっての重大事であるとともに、村にとっても大きな関心事でした。新婚夫婦は、将来の村を担っていく人材になるからです。婚姻儀礼の各段階において、婚姻の両当事者および家は、その属する村社会に対し、婚姻の承認と新婚夫婦の村社会への加入の承認を得るよう求められていたのです。

葬儀や祖先祭祀（先祖供養）の場合、執り行なう責任の主体は各家でしたが、それをとりまく同族・親類、講・組合（五人組など）、それに村も、それを補完する機能を果たしていました。すなわち村は、村人の生存を保障するのみならず、死後の魂の安穏を保障する機能をも果たしていたのです。

具体的にいえば、葬儀の執行に村が参与する場合もありましたし、葬送を見送ることが村人に義務づけられていることもありました。村として香典を出す慣行も、多くの村で見られました。さらに一八世紀中期以降になると、村法のなかで、葬式・法事について規定されるケースも多くなりました。規定の中心は、葬式・法事を質素に行ない、倹約に努めるべきだとするところにありました。冠婚葬祭を派手にやりすぎて、経済的に負担になることがあったからです。

さらに村は、家が絶えて祀る者のない無縁仏も供養しました。盆になると、各家では自家の祖霊だけでなく、帰る家のない霊魂をも迎え入れて供物を捧《ささ》げるという風習が、江戸時代には広く認められました。

以上見てきたように、村人は村によって、生・老・病・死の全生涯にわたり、常に支えられていたといえるでしょう。村人の生活と生産の基本単位は家であり、また同族団や五人組など多様な組織・集団も家の存続を助けていました。
そのなかにあって、村も大きな役割を果たしていたのです。

百姓の休日は年間何日か

村人たちは、誕生から死までの一生涯の時間を村で生きるとともに、毎年繰り返される時間のなかを生きていました。農作業は一年周期で毎年同様の作業が行なわれましたし、それに対応した農耕儀礼や宗教行事も毎年繰り返されました。そうしたなかで村は、用水や山野の利用、田への引水や田植え時期の決定、道・橋普請の共同作業など、各方面にわたって重要な機能を発揮し、また村人たちに規制も加えていたことは、先に述べました。

しかし、労働の合い間には休養も必要です。江戸時代には、農作業のスケジュールを村が決めていたのと表裏の関係で、農作業を休む休日（江戸時代には「遊び日」「休み日」といいました）も、村が決めていました。したがって、どこの村でも共通だった正月などに対し、それ以外の遊び日は村ごとに異なっていたのです。時期的な変化はありますが、遊び日は村ごとに、また従来からの慣行とその年の実情に応じ、自律的・主体的に決められていたのです。

以下、主に信濃国の状況をみていきます（古川貞雄《ふるかわさだお》氏による）。遊び日の原型は、一七世紀後半から一八世紀はじめにかたちづくられました。その段階での遊び日は、年間二〇日前後ないし三〇日以内というあたりが一般的で、神まつり、神遊びという宗教的色彩の強いものだったようです。

その後、遊び日はしだいに増加していきます。まず、毎年はじめに村で決める、年間の定例遊び日が増えていきました。この動きは一八世紀後半から現れ、一九世紀にはいっそう顕著になりました。

一九世紀になると、定例遊び日に加え、それ以外にも事あるつど村役人に願い出て臨時に遊び日にする「願い遊び日」「不時遊び日」が増加します。遊び日の増加を要求したのは、年季奉公人、下層百姓、若者組（若者仲間）などでした。下層百姓は、農業以外の諸生業に従事することが多くなったために、農業労働のサイクルに合わせた遊び日だけでは物足りなくなり、さらなる遊び日の増加を求めたのです。

また、村人の生活水準が向上してくると、祭礼（村祭り）も華美になっていきました。祭礼を実行する中心は若者組でしたが、彼らは祭礼の日数自体の増加を求めるとともに、祭礼の前後の期間を、準備や後片付けのために遊び日とするよう要求しました。こうした経緯もあって、遊び日が増えていったのです。

遊び日は村でいっせいに休む日ですから、村役人が決めて村中に周知します。ですから、若者組や下層百姓が遊び日を増やそうとするときの要求の矛先は、村役人に向かいました。

村役人としては、あまり遊び日が多くなると、奢侈《しゃし》・無秩序の気風が広まることにつながるため、歓迎したくなかったようです。しかしまったく拒否すれば、村役人に無断で勝手に休んでしまう者が出るかもしれません。村役人は苦慮しながらも妥協点を探り、その結果、徐々に遊び日が増えていったのです。一九世紀の村では、質素・倹約・勤勉などの通俗道徳の実践を生活の柱に据える人たちと、快楽追求・欲望解放を主張する人たちとがせめぎ合っていたのです。

一九世紀になると領主層は、祭礼が華美になり遊び日が増加していくことを問題視して規制を強め、さらには若者組の禁止・解散を命じるにいたります。しかし村役人層は、領主が出した若者組禁止・解散令にはほとんど同調せず、若者組の存続を内々に容認しました。彼らが自主的に節度を守ることを期待したのです。若者組は、ときに村役人の規制から逸脱して対立することもありましたが、基本的には村内の一組織としての性格を維持し続けました。村役人は、質素・倹約の奨励という点では領主と考えが一致していたものの、若者組の必要性を認める点では領主とは一線を画していたというわけです。

以上見てきたように、村は、村人たちの一生涯にわたる時間とともに、一年周期で繰り返される時間にも関わり、また管理してもいたのです。

村人自身による消防・警察

江戸時代の村には、消防署などありません。村では日常的に、独自の防火・消火体制を整えていました。万一火災が発生した場合には、村総出で消火と復旧にあたりました。復旧作業も村人の自発性に任せるのではなく、村によって統制されていたのです。

火災に際しては近隣の村々も消火に駆けつけ、復旧作業にも協力しました。領主は常々防火を命じてはいましたが、実際の防火・消火活動は村に任せきりでした。村の側は、近隣の協力も求めながらできるだけ自力での復興を目指し、相互扶助機能を発揮したのです。もちろん、手に余る場合には領主にも援助を要請しました。しかし、領主の援助が常に十分だったわけではありません。復興に関しては、村・地域・領主の役割分担および協力関係ができていたものの、その中心はあくまでも村人たちの協力・共同だったのです。
こうしたあり方は、治安維持・警察活動についても同様でした。

いちばんの娯楽は村芝居

村の鎮守の祭礼は、村人たちの大きな楽しみでした。祭礼時には、村芝居や相撲が行なわれました。村芝居とは、主に歌舞伎のことです。神に芸能を奉納することは古くから行なわれてきましたが、江戸時代になると歌舞伎が人気を博し、それにつれて一八世紀後半以降になると、歌舞伎が祭礼時の芸能の中心となったのです。

今日の鑑賞の対象としての歌舞伎とは違い、江戸時代の村芝居は村人自身が歌舞伎を演じたところに特徴がありました。現在、各地に伝わっている農村歌舞伎は、村芝居の伝統を受け継いだものです。江戸時代には村人たちが自ら役者となって、歌舞伎を村の鎮守に奉納し、村全体でそれを楽しみました。鎮守の境内に立派な歌舞伎舞台を造った村も多く、なかには回り舞台を備えたものまでありました。村芝居のような文化行事もまた、村の主催で行なわれていたのです。村人の文化的活動が、村を通じて実現されていたわけです。村は文化面でも、大きな役割を果たしていたといえるでしょう。

村芝居が盛行するにつれ、それはしだいに娯楽的色彩を強めていきました。村外からプロの役者を呼んで興行することも増えましたし、衣装や舞台道具にも金をかけるようになり、華美の度を強めていったのです。そのため一九世紀には、領主の規制の対象ともなりました。このように村芝居のあり方は変化していきましたが、江戸時代を通じて、村主体の上演という本質は変わりませんでした。

村落共同体の三要件

以上見てきたように、村は、土地の共同所有や、共同労働の組織・編成、その他さまざまな機能を発揮しながら、村人の生を支えていました。このような江戸時代の村を、村落共同体といいます。

一般的に、村落共同体とは次の三点の要件を満たす社会集団のことです。すなわち、

①生産力の発展が相対的に低位の段階において、人々が物質的生産活動を行なううえで不可避的に取り結ぶ社会関係。

②その集団の成員の社会的生活過程における多様な要求が、基本的にはその集団内部で充足されるような全体社会。

③人々が自由意志によって形成するのではなく、彼ら・彼女らにとっては所与の前

提として立ち現れるような社会集団。

若干、補足しておきましょう。

まず①ですが、江戸時代を含む前近代社会は、近代以降の工業化社会と比べ、相対的に生産力の水準が低位でした。そうした社会で、人々が農業・漁業・林業などの第一次産業を中心とする生業を営む際には、一人だけ、一軒だけで行なうことは不可能でした。集団をつくり、共同で土地や漁場を占取し、共同労働によって生産条件を維持していかなければなりませんでした。すなわち、生産活動のための、所有と労働の組織が村落共同体です。

生産に関わる共同作業などは、今日の農村においても行なわれています。しかしそれをもって、村落共同体は今日においても生きているとはいえません。現代における共同所有・共同労働は、江戸時代と比べて非常に限られたものになっています。こうした歴史的変化を重視するならば、現代の農村を村落共同体とはよべないと私は考えています。「共同体は永遠なり」などといった見方は、変化を重視する歴史的思考とは異なる、静態的・観念的なものではないでしょうか。

②について。今日の私たちは、たとえば仕事は職場に出勤して行ない、休日はレジャー施設や観光地などに出かけ、日々の治安の維持は警察や消防に委ねています。つ

まり、一つの組織のなかですべての時間を過ごし、あらゆる活動を行なっているわけではありません。目的に応じて多様な組織と関わりをもち、いろいろな場所に出かけて欲求を満たしています。

これに対して江戸時代の村人たちは、教育・医療・婚姻・社会保障・葬送・祖先祭祀・労働日・休日・消防・警察・文化などの多方面において、いずれも村に支えられるかたちで生きていました。このように、生きていくうえでの多様な要求のかなりの部分が一つの集団によって満たされるような場合に、その集団を共同体と呼ぶのです。

③について。現代では学校でも企業でも、私たちが一定の年齢になったとき、主体的に選んで所属します。それに対して村落共同体とは、人が生まれながらに所属しているような集団です。村人は、生まれたときからその村の成員として育てられます。帰属する村を自由に選ぶことはできません（ただし、のちに変更することは可能でした）。村落共同体は生産上不可欠な組織であり、村人たちが自由意志でつくることも、解散することもできませんでした。

現代の私たちから見れば、こうした村落共同体での生活は、個人のプライバシーがなく、不自由で息苦しいものに感じられることでしょう。しかし前近代社会では、人々は村落共同体なしに生きてはいけませんでした。善悪の問題ではなく、生きるために不可欠の共同組織、それが村落共同体だったのです。

江戸時代の村は、以上の三要件をかなりの程度満たしています。したがって村落共同体と呼ぶことができるのです。

しかし同時に、村人たちの生産・生活に関わる諸機能は、村以外の諸集団にも担われていました。したがって、村は完全なる村落共同体である、とはいえません。諸機能の一定部分が村落共同体の枠とはズレたところで担われていたことを考えれば、機能の拡散化傾向をはらんだ村落共同体というべきでしょうか。

村請制村・村落共同体・集落の違い

以上述べたように、江戸時代の村はいちおう村落共同体だといえますが、一方では領主の御用やそれに関わる村の諸事務を行なう行政単位、村請制の単位でもありました。

この行政単位・村請制の単位としての村（以下、村請制村といいます）は、検地の際の村切りによって領域が決定されたため、その範囲は比較的明確にわかります。また、村請制村のなかは、いくつかの集落に分かれている場合が多く見られます。そこで、村請制村・村落共同体・集落の、三者の関係を整理する必要が出てきます。以下、具体的に見てみましょう。

武蔵国多摩《たま》郡蓮光寺《れんこうじ》村（現、東京都多摩市）は、村高三二三石余、明治三（一八七〇）年の家数一一五戸であり、村のなかを多摩川（玉《たま》川）が貫流していました。領主は旗本天野氏でした。この場合、蓮光寺村＝村請制村です。同村は図3に示したように、本村・馬《ま》引沢《ひきざわ》・下川原《しもがわら》・舟郷《ふねごう》の四集落から構成されており、このうち下川原のみが多摩川の北岸にありました。次に、これら各集落の相互関係をいくつかの側面から見ていきます。

①耕地領域（出入《でいり》作関係）

まず、耕地領域から見ていきましょう。蓮光寺村が独自の耕地領域をもち、そのなかで下川原は五五石余、舟郷は一五石余と、それぞれまた固有の耕地領域をもっていました。

次に、出入作関係を見てみます。出入作とは、村（あるいは集落）を越えた耕地の所持関係のことです。たとえば、A村の者がB村に土地をもっていた場合、A村の側から見ればB村に出作していることになり、B村の側から見ればA村の者が入作しているということになります。このように、出作と入作とは同じ事態の両面だといえます。

明治二（一八六九）年に、他村から蓮光寺村への入作は七名、計一九・七石余、蓮光寺村から他村への出作は一四六・七石余でした。他村との出入作関係は出作が中心であり、入作は村高三三二石余のうちの一九・七石余で、村高の六パーセント程度にとどまっていました。蓮光寺村の耕地の九割以上は、同村の村人が所持していたのです。

下川原の出入作関係を見ると、安政《あんせい》六（一八五九）年には、本村からの入作が三名、計九石余、村外からの入作が一名、一石余で、入作総計一〇石余（下川原分の石高五五石余の一八パーセント）でした。他方、明治二年には、蓮光寺村内の他集落への出作はなく、他村に三四石余出作していました。下川原も、蓮光寺村と同様に、他集落・他村との出入作関係はあるものの、基本的に下川原の耕地は下川原の村人が所持していたのです。舟郷の耕地も、他集落・他村の人の手にはほとんど渡っていません。

②林野

蓮光寺村の林野には、入会地と百姓持山との二形態があり、さらに入会地には蓮光寺村持と本村などの集落持とがありました。百姓持山は、大きく本村・馬引沢持山、下川原持山、舟郷持山の三区域に区分され、さらに個々の村人が分割して所持していました。

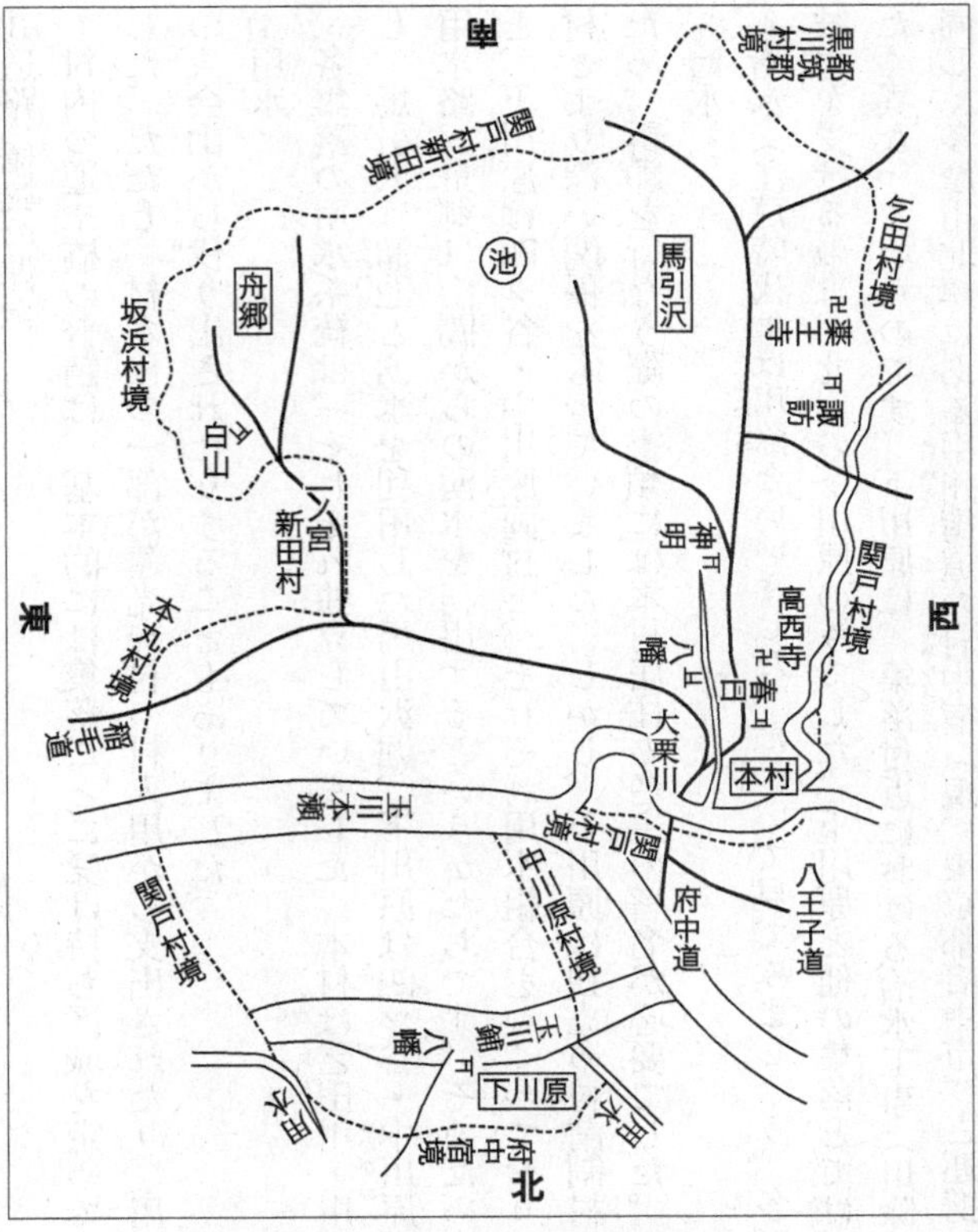

図３　蓮光寺村概念図（明治２年）

③道路 橋梁《きょうりょう》の保全

村内の道や橋の普請は、基本的には集落ごとに受け持ち区域を定めて行なっていました。ただし、材木代の一部が蓮光寺村の村入用から支出されたり、用材が蓮光寺村の入会山から伐《き》り出されたりすることもありました。

④用水

各集落の用水系統は、それぞれ独立していました。本村は乞田《こった》川・川洞川から引水し、馬引沢は溜池《ためいけ》と湧水を利用した馬引沢堀、下川原は四ッ谷《よや》・中川原《なかがわら》両村と共同の用水路、舟郷は山間からの湧水を利用するというかたちです。そのため本村は乞田村と、下川原は四ッ谷・中川原両村と、それぞれ用水組合をつくっており、下川原は他村とより深い関係をもっていました。しかし、下川原は独立の村請制村ではなかったため、訴願を行なう際の書類には本村居住の名主の署名が必要でした。

⑤治水

治水（江戸時代には川除《かわよけ》といいました）について見てみましょう。多摩川の氾濫で被害を受けるのは、北岸の下川原のみでした。下川原と他の集落とでは、状況がまったく異なっていたのです。下川原は、集落付近における治水工事（川除普請）に関し、同じく多摩川北岸にある甲州《こうしゅう》街道の府中宿《ふちゅうじゅく》（現、東京都府中市）と連携していました。

下川原単独で工事を行なうこともありましたが、安政六（一八五九）年の場合には、下川原が工事費用一〇両余を負担し、他に本村・馬引沢が三両、舟郷が四貫二〇〇文の見舞金を出しています。

⑥信仰

信仰については、本村に春日社、馬引沢に諏訪社、下川原に八幡宮、舟郷に白山社と、集落ごとに鎮守がありました。各神社の氏子《うじこ》は、神社のある集落の住民だけで構成されていました。祭礼も別々の日に行なわれており、その費用も各集落の氏子が負担していました。また、本村に高西寺、馬引沢に薬王寺、下川原に川光院というように、舟郷を除く各集落に寺院がありました。

なお、江戸時代の村には、住職のいる寺院や村の鎮守の他にも、多数の小さな堂社・小祠《しょうし》があり、たとえば路傍には、村人たちが建てた石地蔵や道祖神《どうそじん》などの宗教的石造物がありました。江戸時代は合理的思考が広まった時代ですが、同時に村には濃密な宗教的環境が存在していました。また、鎮守の祭礼や維持管理のために、氏子たちが「宮座《みやざ》」という組織をつくっている村もあったのです。

⑦日常生活のあれこれ

婚礼・葬礼や家屋の新築・修繕などは、集落ごとに、コウジュウ（講中）と呼ばれる集落内の小集団を中心とし、住民たちの協力のもと行なっていました。

集落と村落共同体の関係

以上、七点にわたり、村落共同体の諸機能の具体的なあり方を述べてきました。次は、支配・行政の枠組みについて見てみましょう。

領主の支配の基本的単位は、村請制村としての蓮光寺村です。そして各集落が、その下部単位となっていました。村役人を見ると、名主は本村の百姓が務めているのですが、組頭（四〜七名程度）と百姓代は、本村・馬引沢・下川原からそれぞれ選ばれています。集落代表としての性格をもっていたのでしょう。また、各集落はそれぞれいくつかの組に分かれていました（ほぼ本村三組、馬引沢二組、下川原二〜三組、舟郷一組）。各組は、年貢・村入用・御用金などの賦課・徴収の単位になっていたのです。さらに、鷹場《たかば》役（将軍・大名の鷹狩りにともなう諸負担）など幕府が広範囲の村々に賦課した役に関しては、下川原が単独で負担の単位となっています。その場合には「下川原村」と呼ばれていました。

ここまでのところをまとめておきましょう。

村落共同体の本質的契機である土地所有については、蓮光寺村全体で見ても、下川原・舟郷の各集落をとってみても、耕地はほぼその構成員によって所持されていました。耕地や山については、下川原や舟郷が独自の領域をもつのに対し、本村と馬引沢の間には明確な境界線が引けません。その他の村落共同体の諸機能でも、道路橋梁の保全・用水・信仰・日常生活などは、基本的に各集落が単位となっていました。

つまり、蓮光寺村において村落共同体の範囲を求めるとしたら、蓮光寺村＝村落共同体ではなく、下川原や舟郷が村落共同体であるといえるでしょう。これに対して本村と馬引沢の関係はより密接であり、両者が別個の共同体なのか、一つの共同体なのかはにわかに決められません。

また、下川原と舟郷はどちらも共同体ですが、その性格は同じではありません。下川原に比べて舟郷は、幕末に二七軒前後の家をもちながら耕地は一五石余しかなく、生産における農業の比重が格段に低かったからです。その分は、農業以外の諸生業でカバーしていたのでしょう。

このように、蓮光寺村を構成する四集落は、中心的な集落である本村、独立の共同体であるといってよい下川原、相対的に本村と密接な関係をもつ馬引沢、共同体ではあるが他の集落とは性格を異にする舟郷と、それぞれ固有の性格をもっていたのです。ただし、下川原は独立性が高いものの、完結した村落共同体だとはいえません。そ

れは、
①他集落・他村と出入作関係をもっていること
②用水利用や治水で他の宿・村と深く結びついていること
③蓮光寺村でもっている入会山があり、下川原もそれを利用していること
④他村との争いや領主への訴願などの際には蓮光寺村が主体となること
⑤橋普請や治水工事の費用の一部を蓮光寺村の他の集落が負担していること

などから明らかです。共同体機能の一半は、村請制村や村連合（組合村、第九章参照）が分有していたのです。

前述した、共同体機能の拡散化傾向とは、こうした事態を指しています。

村請制村と村落共同体の関係

こうした村請制村と村落共同体との関係について、これまではどのように説明されてきたのでしょうか。従来の歴史研究者の一般的な理解は「生産・生活の単位としての村落共同体が、村請制によって領主支配の末端として編成された」とするものです。まつまり村請制村と共同体とは、同じものの二つの側面だと考えられてきたのです。また一部の研究者は、村請制村のなかに複数の集落があるケースが多いことに注目し、

前者が支配単位としての村、後者が生産・生活の組織としての共同体であるとして、両者を区別すべきだと主張しています。

ここまで見てきた蓮光寺村の事例から、両説の妥当性を考えてみましょう。まず、蓮光寺村の場合、村請制村＝村落共同体とはいえないのであり、この点で前者の説には問題があります。かといって、村請制村は支配の村、そのなかの集落は共同体と、分けて考えるのも正しくありません。なぜなら、共同体機能の一部は村請制村や組合村などの諸集団によっても分有されているからです。また本村と馬引沢のように、集落が別だからといって、即別個の共同体とはいいきれない場合もありました。

したがって、村落共同体を論じる際には、村請制村やそのなかの集落を無前提に共同体とするのではなく、土地所有を基軸とした諸機能が基本的にどの集団によって担われているのか、慎重に検討しなければなりません。

他方、村請制村について見ると、村請制の単位は蓮光寺村ですが、鷹場役などは下川原に賦課され、年貢・村入用などの賦課・徴収では各集落のなかの組が単位とされていました。したがって、村請制村のみが支配・行政の単位なのではなく、そのなかの集落や組も支配・行政単位としての性格をもっていたというわけです。

以上の点を、さらに一般化してまとめておきましょう。

ある程度の規模をもつ村では、そのなかに複数の集落があるのが一般的でした。さらに集落が、いくつかの組や講中に分かれている場合もありました。村人たちは、村(村請制村)―集落(村・組・小名《こな》・庭場《にわば》などと呼ばれます)―組・講中といった重層的な集団に属しつつ、日々の生活を営んでいたのです。

この他にも、五人組や、年齢階梯《かいてい》組織としての若者組・娘組、あるいは信仰・金融組織としての講、職人・商人仲間などの同業者組織など、村のなかには多様な結びつきが存在していました。あるものは村を越えてつながりを拡げ、互いに機能を分担し、また補完し合いながら、村人の生を支えていました。

村の多様な相互扶助機能・共同体機能は、村請制村が一元的に担っていたのではなく、多様な集団によって分有されていたのです。そのなかでもとりわけ重要な役割を果たしていた集団を、村落共同体と呼ぶのであり、それは集落もしくは村請制村である場合が比較的多かったというわけです。

当然ながら、独立性の高い集落が村請制村の運営から排除され、不公平な扱いを受けていた場合には、単独の村請制村として独立することを求める分村《ぶんそん》運動を起こすことがありました。下川原も分村運動を起こしています。しかし、村内の集落は常に反目していたわけではありません。また、集落の内部にも矛盾や対立はありました。そして、集落同士の争いを契機に政治的不平等が改善され、集落としての独自性を保ちつつ、村請制村としてのまとまりが強化される場合も多かったのです。

関東や畿内《きない》では、村が複数の領主の領地（知行地）に分割されている相給《あいきゅう》村落が広範に存在しました。この場合、村のなかに知行地ごとのまとまり（知行所村《ちぎょうしょむら》）も存在することとなり、村内部の結合関係はさらに複雑になっていました。他にも、経済的・身分的階層ごとのまとまりや、同族団・一族・親類縁者、村役人グループなども考慮する必要があります。なお、本書では「村」の語を、村落共同体・村請制村・集落などを含む広い概念として使っています。

第八章　領主は村とどう関わったのか

名主・組頭・百姓代

村請制村は、独自の領域と住民をもち、限定的とはいえ法（村掟《むらおきて》・村定《むらさだめ》）を制定し、違反者には罰金などを科すことのできる、自治的行政組織でした。本章では、こうした村請制村の運営のあり方と、村請制村と領主との関係について見ていきます。

まず、村の運営を中心的に担ったのは、「名主《なぬし》」「組頭《くみがしら》」「百姓代《ひゃくしょうだい》」などの村役人です。「名主（庄屋・肝煎《きもいり》）」は村役人の長として、村政全般に責任を負っていました。

名主は中世の名主《みょうしゅ》、庄屋は中世の荘園管理のための施設にそれぞれ語源をもつことからもわかるように、戦国時代にはすでに一部に存在していました。それが江戸時代になって、全国に一般化したのです。

名主には、村を運営する行政能力や、困窮した小百姓のために年貢などを立て替えることのできる経済力が必要でした。また、蔵書を村人に貸し出すというような文化面での貢献や、村人の相談に対応できるだけの農学的・医学的知識が求められることもありました。

名主は、有力百姓が世襲する村もあれば、何軒かの家による輪番制をとる村もありました。村人による投票（入札《いれふだ》）方式がとられていた村もありましたが、この方式をとる村はしだいに増えていく傾向にありました。

名主が村人たちの上に立って村運営を主導する正当性の根拠として、よく「名主が親で村人はその子供である」といった親子関係に擬制する説明が使われました。しかし、必ずしも十分な説得力があるとはいえません。そのため、苗字《みょうじ》帯刀などの特権を得て差別化を図ったり、国学・儒学などで理論武装したりする名主も現れました。

「組頭」は名主の補佐役で、「年寄」と呼ぶところもありました。「百姓代」は、一般の百姓を代表して名主・組頭の補佐・監視をする役職で、名主・組頭より遅れて、一八世紀に一般的となりました。

この名主・組頭・百姓代を、「村方三役（地方《じかた》三役）」といいます。他に、村内外の連絡役として「定使《じょうづかい》」が置かれることもありました。以下、上総国長柄《かずさのくにながら》郡本小轡《ほんこぐつわ》村を例に、一七世紀後半における村役人と一般の百姓の関係を見てみましょう。

村方三役誕生前夜――一七世紀後半

本小轡村では村請制村と村落共同体とは重なっており、百姓たちは惣《そう》百姓（百姓全体）として結びついていました。惣百姓は相互に助け合い、庄屋の年貢勘定などに立ち会って、その公正さを確認しました。また、紛争の自主的解決に当たるなど、構成メンバーの家の存続を図り、村の平穏を維持するという機能をもっていました。

惣百姓はそのために、百姓の土地所持・出奉公や家の相続に関与し、相互規制を行なうとともに、合意事項に違反する者への制裁規定を有していました。一七世紀の農業生産がいまだ不安定な状況下では、百姓たちは助け合うことなしには経営の維持が不可能だったのです。

惣百姓は、その構成メンバーを自律的に決定していました。村の正規の構成員は、村人たち自身が決めていたのです。また、惣百姓内部には一門・五人組などの多様な結びつきが存在し、面百姓《つらびゃくしょう》と小百姓という格差もありました（図4）。

同村では、藤乗《とうじょう》家という有力百姓が庄屋（一七世紀の同村では、名主ではなく庄屋といいました）を世襲していましたが、庄屋は惣百姓の内に含まれておらず、村運営は庄屋と惣百姓を二つの機軸として、両者の相互関係のなかで行なわれていました。

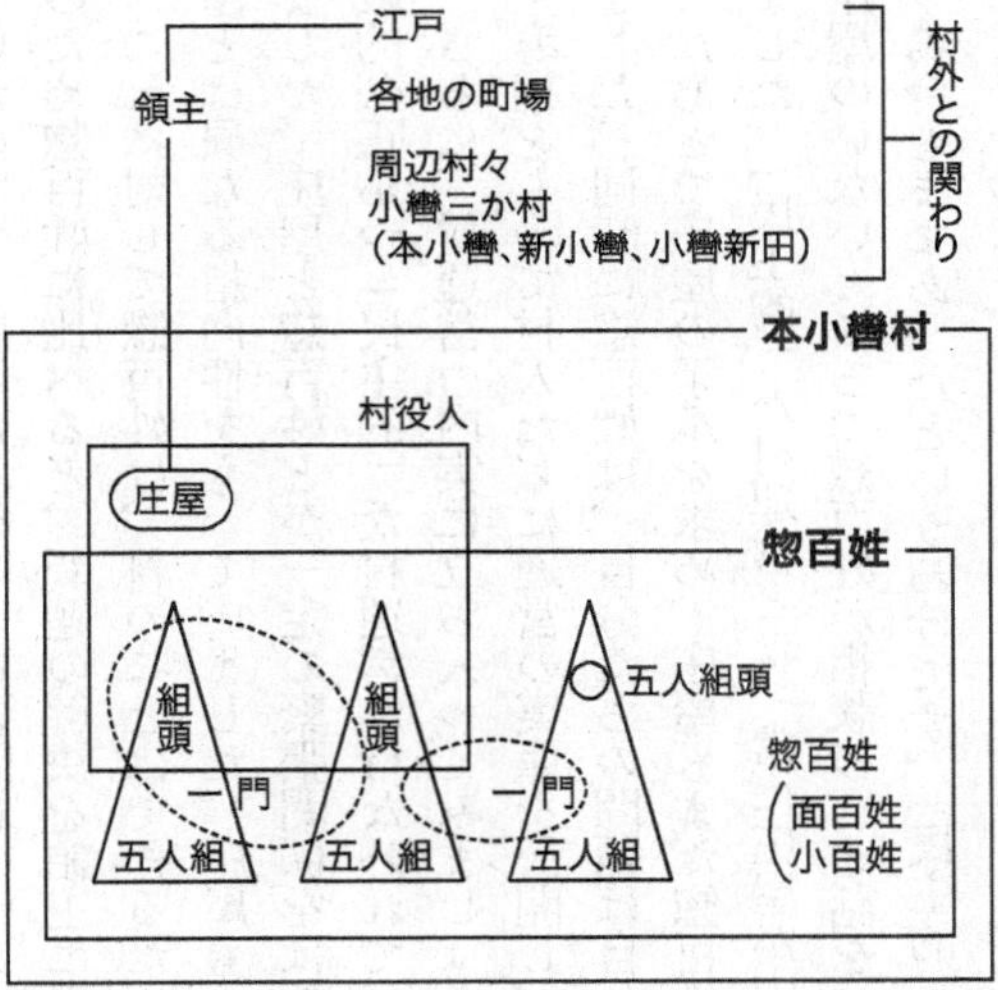

図４　17世紀における社会関係の概念図

この両者が、村の内実をかたちづくっていました。村は、法人格を備えた一つの組織であるとともに、現実には、惣百姓と庄屋の双方を含む百姓たちの集合体として存在していたのです。村落共同体とは、個々の百姓から超越した次元に存在するのではないということです。

庄屋は、基本的には百姓身分に属し、村人たちを代表する存在でした。と同時に、村のなかで領主の意向を代弁する立場でもありました。百姓たちのための存在であるとともに、兵農分離によって村を離れた領主のための代理人でもあるという二面性をもっていたのです。庄屋は、村内の重要問題について領主に報告する義務があります。そのため惣百姓に比べると、問題の解決を領主に委《ゆだ》ねようとする傾向が強かったのです。

これに対して惣百姓は、村のことはできるだけ村内部で処理しようとするなど、庄屋とは異なる指向性をもっていました。庄屋もまた、それに配慮する姿勢を示していました。庄屋と惣百姓とが一定の緊張関係をはらみつつ協議・協力するかたちで、比較的公正かつ「民主的」な村運営が行なわれていたのです。

さらに、村運営の内実に立ち入ってみましょう。まず、年貢勘定のように、庄屋が主導権をもって村人たちに運営の実態を公開し、彼らを参加させるという一面がありました。同時に惣百姓は、自分たちの問題は自分たちで解決しようとし、方針が決まったあとで庄屋の了承を求め、庄屋もまた惣百姓の意向を尊重するという一面もありました。「民主的」な村運営とは、常に庄屋が中心になって主導するわけではなく、庄屋のいないところで惣百姓が相談のうえ話をまとめ、庄屋は承諾を与えるだけという場合もままあったというわけです。「民主的」な村運営の内実は、二つの側面を含んでいたのです。

では、なぜ庄屋は惣百姓には含まれていないのでしょうか。その理由はまず、庄屋が村内において領主の代弁者という性格をもっていたことや、彼が村内最高の経済力と諸種の特権をもっていたことなどに求められます。

庄屋（とりわけ世襲の庄屋）は村運営のあり方が「民主的」か否かといったことにはかかわらず、常に一般百姓たちから外れる傾向をもっていました。庄屋は、村を代表し村人たちの中核となる側面と、村内では周縁的な存在である側面との、相異なる両面を併せもっていたのです。端的にいえば、一人の庄屋のなかに、中心性と周縁性とが併存していたというわけです。

一七世紀の本小轡村には、まだ百姓代が存在していませんでした。組頭は、村役人であるとともに惣百姓メンバーにも含まれるという、二重の性格をもっていました。また、組頭は、五人組の責任者（五人組頭）でもありました。

すなわち、村方三役は未確立だったのです。しかしそれは、当時の村運営が庄屋によって専断されていたということではありません。惣百姓が組頭を含み込み、集団的に百姓代の機能を果たしていたのです。一般百姓の意向は、こうして村運営に反映されていました。百姓たちは、百姓代を通じてではなく、寄合によって集団の意思をまとめ上げていたのであり、より直接的に村運営に参画していたといえるでしょう。このような惣百姓、ひいては村のあり方は、一般の百姓が村の構成員としての発言力をしだいに強めながら、一方では江戸時代の村役人制度がいまだ確立途上であるという、一七世紀後半に特有の村落状況が生み出したかたちだったのです。

相互に助け合い規制し合いながら、家と村を維持していくという惣百姓のあり方は、基本的に一八世紀以降にも継承されていきます。しかし、個々の百姓の家がしだいに自立性を増していくにつれ、惣百姓は個々の家に優越する集合体という性格を弱めていきます。個々の家の連合体としての性格へと変化していくのです。つまり、先に惣百姓集団ありきではなく、先に個々の家ありきとなっていくわけです。

そして、組頭は惣百姓の一員から離れ、庄屋を補佐する村役人としての性格を強めます。また百姓代という役職が成立し、百姓たちの意向は百姓代を通じて庄屋に伝えられるようになりました。

惣百姓による寄合は一八世紀以降も行なわれ、そこで重要事項が話し合われましたが、庄屋・組頭・百姓代という村方三役が成立し、村役人制度が整ってくるにつれ、日常的な村運営は村役人によって担われるようになっていきます。今日の地方自治体の行政が、日常的には自治体職員（地方公務員）によって遂行されているようなあり方に、江戸時代の村も一歩近づいていったのです。

領主vs.村――公私をめぐるせめぎ合い

次に「村・村人―領主」の関係について、年貢・村入用の徴収および訴訟の二点から考えてみましょう。まず、年貢・村入用の徴収から見ていきます。

領主にとって、年貢徴収は最重要の関心事でした。逆に、村人にとっては、年貢と村入用は最大の負担でした。したがって、年貢と村入用は、領主と村人との関係のあり方を端的に示すものでした。年貢諸役をめぐって百姓一揆《いっき》が起きる場合もありましたし、表面上は平穏に見える場合にも、実は深い葛藤《かっとう》が存在していることもありました。以下、信濃国諏訪郡《しなののくにすわ》を支配した高島藩《たかしま》（諏訪藩）の場合を見てみます。

一八世紀末以降、高島藩は、年貢と村入用（高島藩では村入用を歩割《ぶわり》といいました）についての包括的な法令を、何度か出しています。そこではかなり複雑な仕法が定められています。このような複雑な仕法を機能させるためには、村役人たちの高度な村政事務処理能力が前提となります。

仕法の内容を見ると、歩割についての原則のうち、経費節減・基準単価の設定・村内での公正な算用体制の整備などは、村人たちの要求にも合致しています。これらはすでに、藩内の各村々で、自主的な模索がはじまっているものでもありました。この点で仕法は、村人たちの要求をある程度くみとり、または先取りして、さらに村ごとにまちまちであった規定を統一化しようとしたものといえるでしょう。

一方で、仕法は村請制を前提としていましたが、村入用に「表《おもて》」と「内所《ないしょ》」の区別と序列をつけるなど、村の慣行や通念を改変しようとする側面があったことは無視できません。すなわち、村入用のうち、年貢徴収に関わる費用などを「表」、村の祭礼の費用など村独自のものを「内所」と分けて、前者の優先的な徴収を定めたのです。

これに対して村の側は、藩に提出する粉飾した帳簿と、実態を記した村内限りの帳簿を作成するなどの対抗手段をとりました。今でいう二重帳簿です。そのようにして、村内では表と内所の格差を否定するなど、藩の指向を村の論理のなかに吸収し、相対化したのです。にもかかわらず、藩に対して村の論理を表立たせることはできず、村内限りでしか通用しない、いわば「裏」の論理となってしまった点も軽視できません。

藩は、年貢諸役の徴収などに関わる部分を表（＝公）とし、それと無関係、もしくは抵触する部分（村独自の支出など）を内所（＝私）とするかたちで、上から公私分離を進め、そのうえで内所部分も含めた全体を管理・掌握しようとしたのです。結局、この路線は村側の抵抗によって成功しなかったのですが、そこには村の論理と原理的に対立し、むしろ明治政府の政策と通底する側面を見てとることができます。

公私分離は、現代では当然視される正の価値です。しかし江戸時代の村人にとっては、必ずしもそうではありませんでした。彼らは、村の危急時には有力百姓が村全体(＝公)のために私財を差し出すような、村＝公と家＝私が密着したあり方をこそ、正当視していたのです。

公私の密着といっても、私が公を食い物にするという意味ではなく、むしろ公のために私を捨てるすがたが求められていました。そしてその枠内で、公正な算用体制の整備など、村＝公の一層の実体化を追求していたのです。村人にとっては、藩とともに村もまた一つの公でした。

ところが、藩の仕法は、村の活動の全体を公的なものとは認定しませんでした。村独自の活動は私とし、藩の年貢諸役徴収に関わる部分のみを公とするかたちで、公私の序列化を図りました。村人たちが丸ごと公だと考えていた村を、藩＝公との関わりを基準に、公私両面に分割しようとしたのです。それに対して村は、正面から異を唱えることはできなかったものの、帳簿の二重化などによって抵抗を試みたというわけです。

村と藩とは相互依存の関係にありましたが、だからといってすべてにわたり、平和裡《り》に共存していたとは即断できません。表面上の平和の裏側では、年貢諸役・村入用という村人の最大の負担をめぐり、公私関係という人々の価値観の根幹に関わる原理的な対抗が、村と藩の間に存在したことを忘れてはならないのです。

一八世紀半ば以降になると、領主が百姓や町人などの庶民の世論に配慮し、あるいは庶民からの献策を取り入れて政策を決定することが増えました。民間活力を利用して、藩政改革を進めたりもしたのです。このような庶民の政治参加の進展は、重要な変化です。しかしここでも、領主と庶民、または庶民内部における、潜在的なものも含めた矛盾・葛藤に留意する必要があります。領主と庶民が協力・共同してつくる「公共空間」の意義と、そこに潜む「欺瞞《ぎまん》性」の双方に留意する複眼的な視座が必要なのです。

訴訟に見る「領主―百姓」関係

百姓たちは自らの要求を実現するために、さまざまなかたちで主体的に運動しました。領主に対し、百姓一揆というかたちで自己主張することもありました。村方騒動によって、村役人を批判することもありました。また、訴訟によって問題解決を図る場合もありました。現代の私たちは、どちらかというと訴訟を敬遠しがちですが、江戸時代の百姓たちは頻繁に訴訟を起こしていたのです。江戸時代は「健訟社会」だったといえるでしょう。

ここでは、信濃国松代藩真田氏領《まつしろ さなだ》における訴訟事例から見えてくる「領主―百姓」の関係について述べます。一九世紀に、松代藩領の百姓たちは、村役人の不正や他村との入会山をめぐる争いなど、多様な問題を藩に出訴していました。

江戸時代の裁判制度では、内済《ないさい》（和談）が制度のなかに、構造的に組み込まれていました。この点は、今と異なる特徴といえるでしょう。藩は、訴訟の両当事者間にしこりを残さないために、訴訟の審理中でもさかんに扱人《あつかいにん》（仲裁者。百姓・町人がなることが多い）による内済を勧めました。藩の吟味の進め方と、扱人の姿勢との間には共通性が見出《みいだ》せます。どちらも、問題が複雑微妙な場合には理非の判定を明確に下さず、両当事者間の関係修復と村方和合を最優先させる傾向があったのです。

このように、藩と百姓の双方の考え方に共通点があることを、私は、領主と百姓との「暗黙的協同関係」（黙契、暗黙の合意）と呼んでいます。藩は百姓から、紛争の解決者・調停者としての役割を期待されていました。内済は、この「暗黙的協同関係」の基礎のうえに制度化されていたのです。近世が「健訟社会」であった背景には、「暗黙的協同関係」が存在していました。村は、村掟による固有の法的世界を確保するとともに、「暗黙的協同関係」が存在するがゆえに、比較的安心して訴訟に踏み切ることができたのです。

これが、裁判（とりわけ内済）に見る近世の「領主―百姓」関係の基本的特質です。

もっとも、藩は裁判をいいかげんに考えていたわけではありません。藩は、吟味の過程で、百姓内部における立ち聞き情報にいたるまで、かなり詳細な情報収集を行なっていました。しかし、そこにも一定の限界がありました。また近世の裁判は自白を重要視していたこともあり、脅迫的な取り調べや拷問も併用されました。

さらに、藩が相当の情報を集めながら、必ずしもそれらにもとづく事実と法理に立脚した裁許を下さなかったところが江戸時代の特徴でした。この傾向は、内済で解決する場合も裁許が下される場合も共通ですが、内済の場合に、より顕著に現れました。情報収集機能の強化、法制の整備など、合理的改善が進められる一方で、百姓は武士による吟味に従うべきもの、御殿様の御威光に平伏すべきものという、権威主義・御威光第一主義の姿勢は一貫していたのです。

藩にとって、裁許申渡しとは、慈悲深い領主とそれに恭順の意を表す百姓という関係を再確認していく場なのであり、こうした大前提のもとで、可能な限りの公正・至当な解決が目指されていたというわけです。

繰り返しになりますが、藩の訴訟指揮・裁許といっても、純粋に事実と法理のみにもとづいて実施されるわけではありません。他藩と利害が抵触する場合には、自藩の利益を優先させました。また、百姓よりも武士に有利となるような判断が示されました（吟味の身分的性格）。さらに、藩の威光を知らしめ、領内の平穏を維持するという政治的意図もはたらいていたのです。

こうしたなかで、証拠調べや当事者の尋問などが行なわれ、あるいは稟議《りんぎ》制によって事案が下級から上級に順次上げられていく過程で多くの藩役人が関わりつつ、大方の納得する判決が模索されていったのです。ここに江戸時代における「領主―百姓」関係の特質の一面を見ることができます。合理的判断と身分的・政治的判断、百姓の合意調達と領主の支配貫徹とは、このようなかたちで両立させるよう指向されていたのです。

一九世紀になると、一般に百姓たちの訴訟技術は向上し、百姓のなかに公事師《くじし》的存在（訴訟の専門家）が増加しました。彼らは、ときには偽の証拠・証言をでっち上げることまでして、勝訴を目論《もくろ》みました。百姓の訴訟技術の向上が、事実を歪《ゆが》める方向にはたらく場合もあったのです。百姓は一面において、したたかで狡猾《こうかつ》でした。

他方、民間における「訴訟知」の発達は、公事師たちとは異なる人間の類型をも生み出しました。「剛胆者《ごうたんもの》」「強情者《ごうじょうもの》」などと呼ばれる人々です。彼らは、内済を拒否し、藩による明確な裁許を求めました。黒白をはっきりつけてくれと藩に迫り、その裁許に納得がいかなければあくまで自己主張したのです。それにより「暗黙的協同関係」は一時的に機能停止に陥りました。彼らはあくまでも村に生きる百姓であり、けっして村や領主から遊離・離反しつつあったのではありません。にもかかわらず、客観的に見れば、内済を拒否することによって緩やかに「暗黙的協同関係」の機能不全を引き起こしていったのです。

こうして江戸時代の「領主―百姓」関係は緩やかに、しかし確実に変化していきました。

その結果、一九世紀になると、藩の掲げる御威光第一主義は、武士の揺るがぬ権威を示すものではなくなっていきました。藩役人らは、「剛胆者」の武士をも恐れぬ言動によって裁判の場が紛糾することを警戒し、事前に念入りに打ち合わせをしています。権威主義の建前を守るために、むしろそうした建前があるがゆえに、武士の側も、吟味や裁許の際には相当の緊張を強いられたのです。

百姓たちの藩への訴訟は、基本的には藩への信頼を前提としています。事実、藩と百姓との間には、暗黙のうちに一定の共通理解がありました。藩も、そうした関係を維持・強化するための努力を払いました。ただ、それは安定した不変のものではありません。そこには矛盾がはらまれていました。百姓たちは、領主を頼り、かつ利用もしますが、全面的には信頼せず、あくまでも百姓独自の世界に根ざして生きていこうとしたのです。

第九章　村と村はどう結び合ったのか

村どうしのつながり――組合村

ここまで述べてきたように、江戸時代の村は村落共同体といってよい内実を備えていましたが、他方それは完成された不変のものではなく、しだいにその機能を分化・拡散させ、変容しつつありました。またそのような動きと連動して、村を越えた地域的結合も、多様なかたちで生まれました。

それは村人たちの生活にとって、重要な意味をもつようになっていきます。人々の取り結ぶ社会関係が村の枠を越えて拡がり、村の機能を地域的結合が補い、また新しい機能を生み出していったのです。本章では、そうした地域社会の展開について見ていきます。

江戸時代の地域的結合は、村々の連合、すなわち組合村として展開したところに特徴がありました。もちろん村を単位としない社会関係も多様に存在しましたが、なかでも村を単位とする組合村は、重要な役割を果したのです。

組合村が生まれたきっかけ

まず、地域的結合が行なわれた契機を見てみましょう。地域的結合が生まれる必然として、どのような事態があったのかを調べてみると、おおよそ次の五点に分けられます。

①自然的諸条件への対応
②領主的・国家的な諸役賦課への対応
③地域外の人々への対応
④地域内の諸階層への対応
⑤地域秩序や平穏の維持

①には、用水や入会地の利用・管理などの生産諸条件に関するものや、自然災害に対処するものなどがあります。江戸時代の農業生産には、水と、肥料源としての山野が不可欠でした。

用水は、河川から幹線用水路が分かれ、そこからさらにいくつかの用水路が枝分かれして、各村に流れ込むのが一般的でした。用水路は、樹枝状に末広がりになっており、複数の村々が幹線用水路からの水を共同利用していたのです。ですから、上流の村が必要以上に引水すると、下流の村々が用水不足になる恐れがありました。

そこで、用水系をともにする村々が連合して用水組合（水利組合）をつくり、水の引き方や水路の維持・管理方法などを取り決めて、円滑な用水利用を図ったのです。公平な引水方法としては、水路のなかに仕切りを設け、一定の割合で水流を分割する「分水《ぶんすい》」や、時間を決めて村々が順番に引水する「番水《ばんすい》」などが用いられました。

治水（川除《かわよけ》）の場合も同じです。たとえば河岸に堤防を築くとき、一方の岸にだけ高い堤防を築くと、川の反対側の村々が水害に遭いやすくなるといった問題が生じます。そこで、両岸の関係村々は治水組合をつくり、相談のうえ治水工事を行なう必要がありました。また治水・水利普請には、幕府や大名・旗本が経費を負担する御普請と、費用・資材・人員とも村で賄う自普請がありました。御普請の場合でも、実際に工事に当たるのは村人たちだったのです。

山野は入会地として共同利用されることが多く、しかも一村のみではなく、複数の村々で共同利用する「村々入会」も広く見られました。村々入会の場合には、関係村々が入会組合をつくり、入山期間、使用する道具の種類、採取する枝葉の量などについて取り決めを行ない、村々の間でトラブルが起こらないようにしました。

このように、農業生産条件を良好に維持するためには、村々が組合村をつくって協議・協力する必要があったのです。

また、凶作・飢饉《ききん》は、村人たちにとって大きな脅威でした。大飢饉のときなどは一村全体が飢えに苦しむこともあり、村独自の救済活動にも限界がありました。領主の救援は必ずしも十分ではありませんでしたから、村々では組合をつくって、平時から共同で穀物を貯えるなど、もしもの場合に備えたのです。

②には二つの側面がありました。一つめは大名など個々の領主（幕府も個別領主としての側面をもっています）の賦課への対応です。これには、領主が命じる治水工事を実施するための組合村や、幕府領の年貢米共同輸送のための組合村などがありました。

二つめは、個別領主の支配領域を超えた公儀（幕府）の役賦課への対応です。これには、国役・鷹場役（将軍の鷹狩り実施にともなう諸負担）・助郷役などを担うための組合村などがありました。文政《ぶんせい》一〇（一八二七）年、幕府の命で関東一円につくられた寄場《よせば》組合（改革組合村）は、治安維持・身分統制・商業抑制などの機能を果たしました。

外界トラブルへの対応

③には、浪人・乞食・勧化《かんげ》（寄進・喜捨を求めて村を廻る宗教者）・盗賊・悪党・無《む》宿《しゅく》・行き倒れ人などへの集団的対応や、都市の特権商人・株仲間・座への対応などがありました。

村には、村外からさまざまな人々が訪れました。時代が下るにつれて、その数は増えていきました。訪れたのは、御札配りや祈禱《きとう》などの宗教行為を行なう宗教者、百姓家の門口でさまざまな芸を披露する芸能者、村人に施しを求める乞食・勧化など、多様な人々です。いずれも村人たちからいくばくかの金銭を得ることを目的としており、要求額が高すぎたり、出銭を強要したりした場合には、村人との間でトラブルになることもありました。

そこで、村々が共同で、これに対処することにしたのです。こうした場合、一村だけで対処するよりも、村々が共同歩調をとったほうが有効でした。宗教者や芸能者などは、それぞれ仲間組織（同職者の集団）をもっています。村々に来るのはそのメンバーでしたから、おおもとの仲間組織と交渉して、村々から毎年一定額を支払う代わりに、メンバーは百姓家を個別訪問しないようにという契約を結びました。これによって、村人たちはいちいち彼らに対応する煩わしさを免れようとしたのです。

宗教者に対する喜捨などは、個人の信仰に関する問題であり、本来は各家・各個人で判断すべき問題です。しかしそうした個別的関係を遮断してでも、組合村が集団的に対応することがあったのです。

江戸時代後期には、貧富の差の拡大にともない、没落した百姓のなかから無宿・博徒となって村々を渡り歩く者が現れます。彼らは「悪党」と呼ばれました。悪党や浪人は暴力による威嚇を用いて金銭を強要することがままあったため、彼らへの対応はとてもやっかいな問題でした。

村々では、彼らに対して宗教者などと同様、一定金額の支払い契約を結ぶこともありましたが、そうした方法をとらずに、村々の手で彼らを捕縛して幕府・領主に引き渡すこともありました。この場合には、治安維持という性格が強くなります。契約と実力による対処のいずれにおいても、村々が連合することで、集団の力によって有利に事を進めることができたのです。

さらに、街道沿いの村々などでは、行き倒れた旅人が発見されることもありました。こうしたとき、村では領主に届け出て検死を願い、その後身元がわかれば住んでいた村に連絡したり、死体を埋葬したりしました。これら一連の手続きには、多大の時間と労力と費用がかかります。村にとっては大きな負担となりました。そこで、街道沿いの村々が組合をつくり、組合内のどこの村で行き倒れ人が発見されようとも、それに関する費用は組合村々全体で負担することにして、特定の村に過重な負担がかかることを避けようとすることもありました。

また、都市の特権商人・株仲間・座などは価格協定を結び、村人たちが作る農産物や農産加工品を、独占的に安く買い叩《たた》こうとしました。そこで村々の側でも連合し、それに対抗したのです。

代表的な事例としては、現在の大阪府に属する村々が、大坂商人の綿や菜種の独占的購入に反対し、自由な販売を要求した国訴《こくそ》があります。幕府に要求を認めさせるには数の力を背後にもつことが重要でしたから、村々では多数派の結集に努め、ときには一〇〇〇か村以上におよぶ村々が国訴に参加しました。今日に比べて情報伝達や通信手段が未発達だった江戸時代において、これだけ多くの村々が共同歩調をとったというのは驚くべきことです。

地域内で抱える問題への対応

④地域内の諸階層への対応としては、職人手間賃・奉公人給金・日雇い賃金の抑制

や風俗統制などがありました。①から③までの契機が多かれ少なかれ地域住民全体の共通利害に関わる問題だったのに対し、これらは地域内の特定階層の利害を反映したものでした。

組合村運営の中心にいたのは、各村の村役人や豪農層です。彼らは、幕府領では惣《そう》代庄屋《だいじょうや》・郡中惣代《ぐんちゅうそうだい》、大名領では大庄屋《おおじょうや》などの職に就き、組合村を主導しました。彼らは、職人・奉公人・日雇いを雇用する側でしたから、できるだけ安い賃金・給金で雇用しようとしました。

一方、職人は、一般百姓が農業のかたわら営むことも多かったですし、奉公人になったり日雇いに出たりするのも一般百姓の家長や家族たちでした。こちらはもちろん、高い賃金・給金を望んでいました。

また、地域内にさまざまな生業が発展してくると、一般百姓の就業機会が増加するため、地主・豪農に雇われて働く農業奉公人のなり手が減少します。そのため地主・豪農にとっては労働力の確保が切実な問題になりますが、一般百姓は農業奉公に限らずなるべく有利な仕事に就こうとします。このように、賃金・雇用の問題では、地域社会の構成員内部で利害が相反することになるのです。

このとき、組合村運営を主導した村役人・豪農層は、自らの利害に沿ったかたちで組合村の取り決めを行ないました。すなわち、賃金・給金は上限や基準を設けることで低い水準に抑え、また一般百姓の非農業的生業への就業を規制することによって、農業労働力を確保しようとしたのです。賃金抑制などは、一村だけで取り決めても効果はありません。近くにもっと高賃金で働けるところがあれば、労働力はそちらに逃げてしまうからです。ですから村役人・豪農層は、村々で共同歩調をとることによって、自らの利害を貫徹しようとしたのです。

また、前述したように、江戸時代後期になると、若者組が主導して村の祭礼が華美になり、休日(遊び日)も増加していきます。一般百姓の消費生活のレベルも向上しました。村役人・豪農層の目には、これらは村の風俗を退廃に導く逸脱的な事態、もしくは将来設計をもたない刹那《せつな》的な消費行動だと映ります。村役人層には、領主からも風俗統制を求める圧力がかかってきます。しかし、風俗統制も一村だけではあまり効果がありません。地域の村々が足並みを揃えたほうが効果が上がるのです。組合村で、風俗統制についての取り決めが広く見られたのはこのためです。

⑤の地域秩序や平穏の維持には、①から④に分類しにくい、地域の共同利害に関する諸契機が含まれます。防犯・火災対策や祭祀《さいし》をめぐる共同作業、地域内紛争の調停などです。

まず、火災対策について見てみましょう。先に見た通り、信濃国諏訪《しなののくにすわ》郡では、村で火事が起こったとき、近隣の村々からも駆けつけて消火に当たりました。近隣の村々は資材を提供するなど、火災後の復興にも協力しています。また、地域内には複数の村々に氏子をもつ有力な神社があったため、氏子圏の村々が組合をつくり、協力して祭礼を実施することもありました。

以上、①から⑤までに分けて述べましたが、この分類はあくまで便宜的なものです。江戸時代における地域的結合の契機は、これに尽きるものではありません。むしろ、時と所に応じ、さまざまな契機によって、多様な地域的結合が見られたことこそ、江戸時代の特徴だといえるでしょう。

また、上述の範囲に限っても、明確な分類が難しいものが数多くあります。たとえば治水組合には、①の側面と、幕府や大名によって編成された普請組合としての側面、すなわち②の両者が併存している場合がありました。さらに、宗教者や職人などは、地域内に居住しつつ地域を越えた仲間組織に属している場合があったため、彼らへの対応は③と④の境界的な色彩をもつことになります。

これは、江戸時代の組合村が、閉鎖的な集団として完結していないことを示しています。村の枠を越えて成立した組合村は、さらにそれを越える範囲の人々との関係

（対立と協力の双方を含むなど、この関係もまた多様です）のなかで存立していたのです。このように多くの限定が必要ですが、結合の契機による組合村の大まかな分類として、読者の理解の一助にしていただければ幸いです。

組合村の特質

中世にも地域的結合はありましたが、近世においては、さまざまな契機により、さらに多様な地域的結合（組合村）が成立しました。これらの組合村は、重層性をもって存在していました。すなわち、一村が一つの組合村だけに属しているのではなく、結合契機を異にする複数の組合村に、同時に所属していたのです（具体的には第一〇章で述べます）。

地域社会を見渡せば、そこには複数の組合村が、空間的に一部重なり一部はズレつつ併存していました。一つの組合村が、より広範囲にわたる組合村の一部分を構成するといった、重層的な関係も見られました。

ある一つの機能を果たすために成立した組合村が、しだいに他の諸機能を併せ果たすようになることもありました。

また、一つの組合村が複数の機能を兼ね備えている場合もままありました。たとえば、武蔵国《むさしのくに》（現、東京都・埼玉県・神奈川県の一部）で広く見られた「領」という組合村は、用水・普請組合、鷹場組合、幕府領の諸役負担の単位など、いくつかの機能を併せもっていました。

地域内部はフラットではなく、不均質な構造をとる場合が多くありました。それは、町方と村方との併存、地域内部におけるいくつかの小地域間の格差、村内における諸身分・諸階層の存在などに見ることができます。一つの組合村のなかでも、中心的・指導的な村と、それ以外の村との格差が見られることもありました。広く見られたケースとしては、たとえば用水組合で、用水路のいちばん上流にある村（井元村《いもとむら》などといいます）が、地理的好条件にもとづいて強い発言力をもっている場合などです。ただし、組合村を構成する村落間の格差はしだいに解消されて、村々は対等の関係に移行し、各地域の特質に応じた公平な負担のシステムが形成されていく方向にありました。用水組合においては、旧来の井元村や上流村々の特権がしだいに否定されて、組合村々の公平・平等な関係の実現に向かいました。

組合村とそれを構成する個々の村とを比較すると、空間的には後者は前者の一部分ですが、機能的には性格を異にします。組合村が特定の契機によって結合しているという点では、より部分的であるのに対し、村はより全体性をもった結合体でした。また相対的に、村は基礎社会としての性格をもち、組合村は派生集団としての性格を強くもっています。すなわち、基礎社会の単位が、中世の郷・庄から一七世紀を通じて近世的な村へと縮小し、それに対応して村の外部に多様な組合村が派生していったと考えられるのです。郷・庄のまとまりが残ったところもあります。

したがって、先に私が行なった村落共同体の定義に従うならば、組合村は共同体ではありません。組合村は、村から派生し、また村を基礎とした機能集団（特定の機能を果たすために結合した集団）だといえます。組合村は、ある特定の機能に特化した集団であり、その結合範囲も可変的です。その点で、村落共同体とは異なっているのです。組合村は、「地域的共同体」などといわれることもあります。比喩《ひゆ》的には理解できないこともないのですが、上記の理由から、私は、組合村と共同体とは区別して考えています。

組合村の範囲は固定的なものではなく、歴史的に形成され、変化していくものでした。変化の方向には拡大と縮小の両方があり、時と所により、また結合の種類によって、一様ではありませんでした。変化の要因としては、生産条件の変化、支配関係の変化、経済・市場関係の変化、およびそれらにともなう社会関係の変化などがあげられます。組合村とは、組合をつくること自体が自己目的なのではなく、特定の条件のもとで必要に応じて結合するわけですから、その条件や必要性が変化すれば、組合村の範囲も変化したのです。

支配関係を例にとれば、同一領主の領地である村々が、行政上の必要から組合村をつくるケースは多くありました。ところが、関東や畿内《きない》のように支配関係が錯綜《さくそう》しているところでは、比較的頻繁に領主の交替が起こります。するとまた、新しい領主の支配下に入った村々で新たに組合村をつくることになります。この組合村の組み合わせの変更は、とてもスムーズに行なわれました。組合村を運営する各村の村役人層は、日常的に行政的なトレーニングを積んでいたからです。村々の組み合わせが変わっても、たちまち円滑に運営できるだけの能力を身につけていたのです。

また、運動・訴願のなかで、地域結合が形成されたり、拡大したりするケースも見られました。国訴において、多数派結集の必要から、訴願に参加する村々の範囲をどんどん拡大していった事例などがこれにあたります。なお、地域結合の形成・拡大を考える際には、交通・通信・情報など、コミュニケーションの問題が重要になってくるでしょう。

組合村は、共通の利害にもとづいてしだいに結合範囲を拡大するという、外に向かって開かれた側面をもっていました。と同時に、自らに固有の利害を主張して外部と対決するという、地域エゴイズムの側面をもっていました。

組合村の時期的変化

江戸時代における組合村の展開方向は、その形成・運営の主体が、中世以来の一部の有力者層（土豪層）から、一般村役人層へと下降・拡大していく過程でした。一九世紀には、一般百姓層（小前《こまえ》層）も、部分的ながら組合村運営に参加するケースが見られました。ただ、全面的な地域運営への参加は近代以降の課題として残されました。こうした限界はもちつつも、一八世紀以降の組合村においては、広範な村々を結集する多数派形成のシステムや、組合村入用（組合村の必要経費）の運用をはじめとする合理的・効率的、かつ公平な運営方法が成立していきます。組合村には、「地域的公共性」が芽生えつつあったといえるでしょう。

村役人・豪農層は、一八世紀には組合村運営のイニシアティブを手にしました。しかし一九世紀になると、その維持のために、領主の支配機構の一環に組み込まれるか、小前層の要求も取り入れて百姓全体の代表者としての立場をとり続けるかといった選択を迫られます。そしてそれぞれ懸命に、対応を模索していくのです。

また、幕藩領主層の地域支配は、諸組合村を通じて実現されていました。組合村が、地域秩序を構成していたからです。一九世紀になると、幕府をはじめとする領主層は、一方で地域利害の吸収・調整を行なうことで存在意義を示しながら、他方では地域の自治的・自律的秩序の「骨抜き」を図ります。しかし、地域社会の変動はことのほか大きく、安定的な地域支配の実現はなかなか困難でした。

組合村とは異なる地域結合

ここまでは主に組合村について述べてきましたが、江戸時代における地域結合は組合村に限定されるものではありません。

すなわち、次にあげるような諸結合が、組合村の基底に、あるいは組合村と重なり合って存在していたのです。

①地域的市場圏、労働力市場、出入作（村を越えて土地所持関係が展開すること）、地主小作関係、金融関係などによって形成される経済的地域結合

②俳諧《はいかい》・国学のサークルなどによる文化的・学問的地域結合

③通婚・信仰・教育・医療など日常生活の諸側面に関わる地域結合

こうした地域的結合は、必ずしも村を単位としておらず、明確な範囲を特定しにくいのが通例です。経済的関係にしろ、文化的関係にしろ、どの村あるいは家・個人を

基点にするかによって、取り結ばれる関係の範囲は異なってきます。また、こうした関係は、村と村、人と人という、点同士を結んだ関係の連鎖であって、一定の範囲内を隈《くま》なく覆い尽くすというものではありません。他方では、この連鎖をたどれば関係はどこまでも広がっていくものでもあります。

もっとも、地域社会にはたいてい、経済的・文化的・社会的な中核となる村や家が存在していました。そこに基準を定めれば、こうした結合関係も漠然とながら、ある程度の地理的空間を画して存在していたといえます。

これらが組合村と複雑に絡み合いながら、江戸時代の地域社会を構成していたのです。

地域社会を調べるときに留意すべき三点

最後に、地域社会を調べる際に留意すべき点を述べておきましょう。

第一は、地域を論じるためには、個々の家や村の実態をおさえる必要があるということです。地域社会といっても、住人の大多数は一般の百姓たちです。彼らの暮らしや思いが明らかにされなければ、地域社会を調べる意義は半減するといっていいでしょう。それには村人たちの生業のあり方、村役人・豪農層、小前層それぞれの経営内容、村のなかの身分・階層構造など、こと細かに解明することが大切です。そうした作業を通じて、村を越えた地域社会の具体像が見えてくるのです。

第二は、地域社会のダイナミックな展開を描くことが大事だということです。領主の動向を考慮し、地域社会を運営していくための諸制度（惣代庄屋制・大庄屋制など）と、地域社会で起こるさまざまな民衆運動（百姓一揆《いっき》・訴願など）との関係に留意しつつ、地域社会を総体的かつ動態的にとらえる必要があるのです。

というのも、地域社会論のなかには、領主権力を相対化する場としての地域を研究するという問題意識に立つものが多く見られるからです。私はむしろ、「領主―百姓」関係の質と変化を明瞭《めいりよう》に検証できる場としての地域、という視角を重視したいと考えています。地域の自治・自律性の検討は重要な課題ですが、絶対的に領主から自由である社会など、そうそう存在しません。そうである以上、自治・自律性の評価自体、領主との関係性における相対的な評価になるはずです。

それぞれの地域社会における固有の課題は何かを明らかにし、その問題に村人たちが、組合村を通じて、あるいは民衆運動によって、いかなる意志表示をしたのか。また領主はどのような対応を見せ、さらにそれに対する村人たちの反応はいかなるものだったのか。地域社会を論じる際には、こうしたダイナミックな展開過程を解明していくことが大切なのです。

第三は、地域社会の意志決定過程を明らかにすることの大切さです。地域社会の意志は、たとえば組合村の議定《ぎじょう》や願書などというかたちで表明されます。しかしそれは、あくまでも議論の最終結論にすぎません。そこにいたる過程では、多様な人々の相異なる意見がぶつかり合っていたはずです。地域社会の構成員には、村役人・豪農層の他に、小前層・武士的存在（郷士《ごうし》など）・町人・商人・職人・宗教者・芸能者・被差別民など、多様な人々がいました。また性別・年齢などによっても、それぞれ異なる考えをもっていたでしょう。こうした地域社会住民の、多様で複雑なあり方にしっかり留意し、その相互関係を考えていくことの重要さを忘れてはならないのです。

一般的な説明が長くなりましたが、次章では具体例にもとづいて、地域社会のすがたを見ていきましょう。

第一〇章　村人の世界はどこまで広がっていたのか

複雑に重なり合う組合村——信濃国諏訪郡の場合

前章を受け、本章では地域社会における結合関係について、具体的に見ていきます。取り上げるのは、信濃国諏訪郡《しなののくにすわ》南東部、現在の長野県諏訪郡富士見町《ふじみ》域に属する村々です。当地域は高島藩《たかしま》（諏訪藩）領でしたが、ここでもやはり、多様な結合契機にもとづく多くの組合村が、重層的に併存していました。

はじめに、山野をめぐる結合関係を見てみましょう。山野は、肥料・飼料・燃料・用材などの供給源として、村人の生活に不可欠でした。現在の富士見町域には、八ヶ《やつ》岳《たけ》・釜無山《かまなし》・原山《はら》・南原山・大沢山《おおさわ》の五か所（ただし、南原山は原山の一部）の入会地がありました。

このなかで、八ヶ岳入会地に用益権をもっていたのは一六か村です。この一六か村で八ヶ岳入会組合をつくっていたわけですが、とりわけ強い権利をもっていたのが、山元村《やまもと》である上蔦木村《かみつたき》（蔦木宿）でした。同様に、釜無山入会地には瀬沢村《せさわ》ほか一七か村（ほかに二か村が、釜無山入会地の北端にある沢入山《さわいり》のみに入会権をもっていました）、原山入会地には六〇余か村、南原山入会地には一三か村、大沢山入会地には一二か村がそれぞれ入会権をもち、入会組合をつくっていました。

このうち、八ヶ岳・釜無山両入会組合の構成村の分布を図5に示します。これを見てもわかるように、入会組合だけをとってみても、一つの地域には複数の組合が、部分的に重なり合いつつ存在していたのです。いくつかの村は、複数の組合に属していました。また、山元村は他の村より強い権利をもつなど、組合を構成する村々は必ずしも対等とはいえませんでした。

次に、入会組合以外の組合村に目を移しましょう。

木之間村《このま》ほか八か村組合（図6）――木之間村は自らを親村《おやむら》とし、芋之木村《とちのき》など八か村を枝村《えだむら》として、この八か村と親村―枝村関係を結んでいました。木之間村の領域内に、後から枝村八か村ができたことから、このような関係になったのです。木之間村の統制のもと、これら九か村は共同で、領域内における甲州道中《こうしゅう》（五街道の一つ）の道普請や橋の架け替え、行き倒れ人への対応などを行なっていました。また、釜無

図5　八ヶ岳入会組合と釜無山入会組合

小淵沢には四か村が含まれ、先能と木戸口は合わせて一か村として数えている。

図6　木之間村ほか八か村組合と葛窪村ほか五か村組合

先能と木戸口、田端と森はそれぞれ合わせて一か村として数えている。

山入会組合内の小組合としても機能していました。しかし一九世紀に入ると、この親村—枝村関係は、枝村側の運動によって、しだいに村々の対等な結合関係へと変化していくのです。

葛窪《くずくぼ》村ほか五か村組合（図6）——葛窪村ほか五か村は、遅くとも一八世紀半ばには、ほぼ対等の立場で組合村をつくり、村外から来る乞食などのねだり行為に共同で対処することや、盗《ぬす》人《びと》の共同捜索、倹約などを取り決めています。

図7　蔦木宿助郷組合

蔦木宿助郷《つたきしゆくすけごう》組合（図7）——江戸時代には、街道の宿駅と周辺の村々に、伝馬役（公用通行者に人馬を提供する役）が賦課されていました。それにともない、宿駅を核とし、それを補助する周辺の村々によって地域結合が形成されていました。ただし同じ伝馬役でも、宿駅と他の村々では量・方法とも負担に違いがありました。周辺の村々の百姓が負担する伝馬役は「助郷役」、助郷役を務める村は「助郷」と呼ばれま

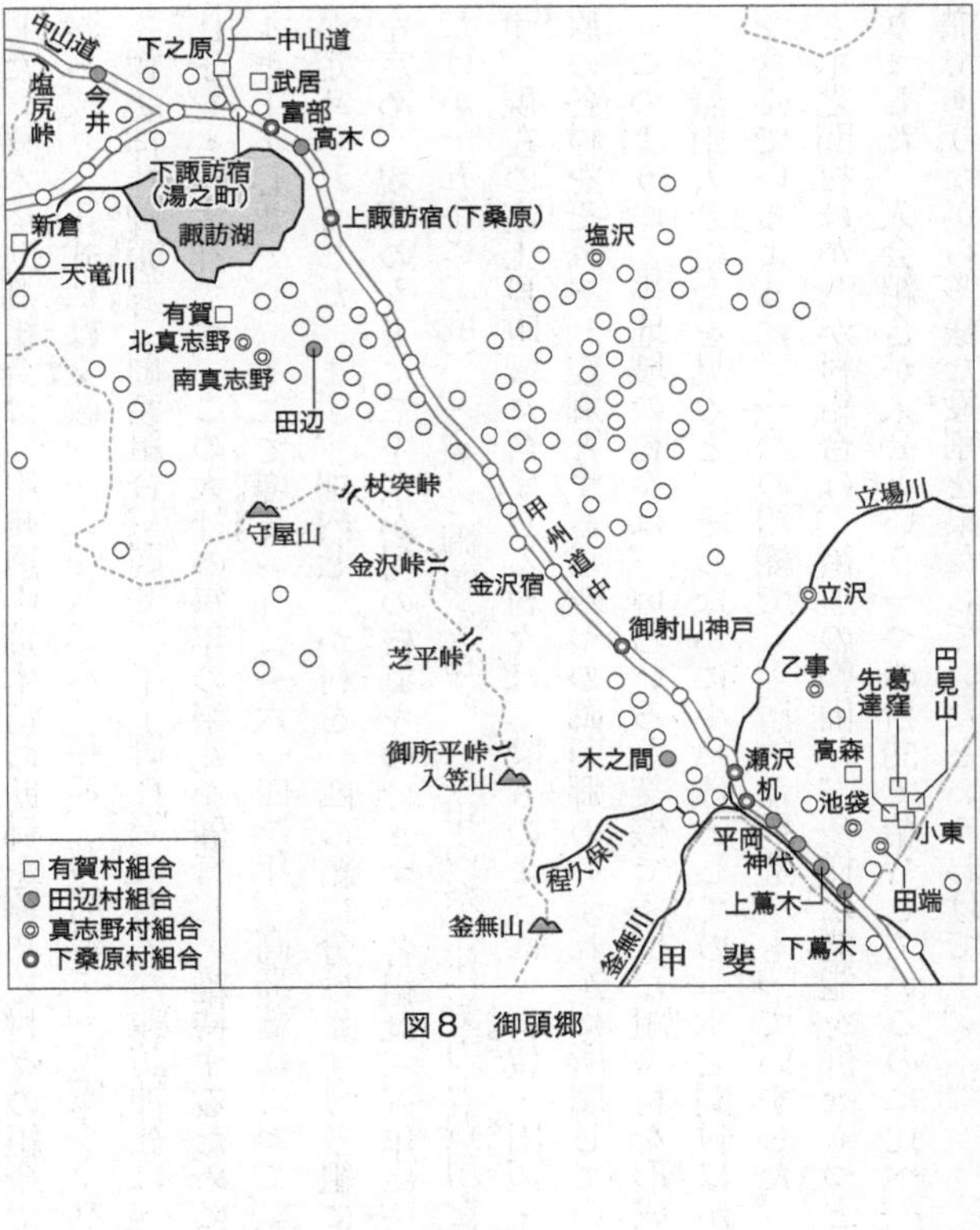
中山道
下之原
中山道
塩尻峠
今井
武居
富部
高木
下諏訪宿
(湯之町)
諏訪湖
上諏訪宿(下桑原)
新倉
天竜川
塩沢
有賀
北真志野
南真志野
田辺
杖突峠
守屋山
甲州道中
金沢峠
金沢宿
立場川
立沢
御射山神戸
芝平峠
乙事
先達
葛窪
円見山
御所平峠
入笠山
木之間
瀬沢
机
高森
池袋
小東
平岡
神代
上蔦木
田端
程久保川
釜無山
釜無川
甲斐
下蔦木
□ 有賀村組合
● 田辺村組合
◎ 真志野村組合
◉ 下桑原村組合

図８　御頭郷

した。蔦木宿助郷組合は、甲州道中蔦木宿の助郷を務める村々の組合です。二五か村から成り、正式には文政《ぶんせい》一一（一八二八）年に、幕府によって定められました。

諏訪神社御頭郷《おとうごう》（御頭組合、図8）——御柱祭《おんばしらまつり》で有名な諏訪神社は、諏訪郡一円に氏子《うじこ》をもつ大社です。この大社の毎年の祭礼を催行し、維持するためには相当のエネルギーが必要です。そこで慶長《けいちょう》一九（一六一四）年、高島藩によって「御頭」の制度が定められました。まず、郡内七二か村を一四の組に分けます。各組には一村の親郷《おやごう》を定め、親郷のもとに二〜八か村の枝郷《えだごう》をつけます。各組は一五年に一度ずつ（一組だけが一五年に二度）、交替で御頭を務め、毎年の祭礼に労力と費用を提供したのです。現在の富士見町域に含まれる村々は、図8のように、有賀《あるが》・田辺《たんべ》・真志野《まじの》・下桑原《しもくわばら》の各村をそれぞれ親郷とする、四つの御頭郷のいずれかに所属していました。

このように、当地域の村々は、いろいろな契機で多様な組合村を形成していました。

釜無山入会組合を見ると、そのなかに小単位としての「木之間村ほか八か村組合」を含んでいるように、一つの組織でも重層的な構造をもっていました。他面から見ると木之間村ほか八か村組合は、街道の整備など多様な機能を併せもつという特徴がありました。入会組合が入会という一つの目的で結合しているのに比べ、より小さな組織でありながら多様な役割を果たしていたというわけです。

入会組合やその他の組合村は、一部重なり、一部ズレながら、それぞれの機能を担いつつ、当地域を何重にも覆っていたのです。

組合村々の関係は、葛窪村ほか五か村組合のようにほぼ対等の場合もありましたが、御頭郷の場合は、御頭郷に加われる村と加われない村、御頭郷内部で格式が高い村と低い村というように、組合の内外にわたって明確な序列が存在していました。木之間村ほか八か村組合の場合は、内部の格差が解消の方向に向かいましたが、御頭郷においては幕末まで格式をめぐる村同士の争いが続きました。

馬喰と中馬――同業者組織の形成

次に、家ないし個人を単位とした地域結合について見ていきます。江戸時代も後期になると、商品・貨幣経済や交通・物流網の発達につれて、村を越えた人々の結びつきが拡大していきました。組合村とは異なる地域結合のかたちについて、引き続き長野県諏訪郡富士見町域における馬喰《ばくろう》（博労）と中馬《ちゅうま》の事例を取り上げてみましょう。

当地域は馬の産地として有名でした。村人たちは牝馬《めす》に子を産ませ、それを売って現金収入を得ていました。村々には子馬の売買を周旋し、売買の当事者双方から手数料を取る「馬喰」と呼ばれる人々が広く存在していました。乙事《おっこと》村には文久《ぶんきゅう》元（一八六一）年で七人、立沢《たつざわ》村には明治元（一八六八）年で九人の馬喰がいました。彼らの身分は百姓であり、村の一員として農業その他の生業を営みつつ、馬喰稼ぎをしていたのです。

この馬喰も、村の管理下にありました。新しく馬喰になろうとする者は、高島藩に馬喰札《ばくろうふだ》（営業許可の鑑札）を申請しなければなりません。その際には村が馬喰の身元を保証したのです。そればかりか明和《めいわ》三（一七六六）年に、田端《たばた》村では話し合いのうえ、一人の村人を馬喰に選出しています。村は身元保証にとどまらず、馬喰の選定主体にもなっていたというわけです。

他方、馬喰は村を越えて、馬喰仲間という独自の結びつきを形成していました。その証拠に、「立馬喰《たてばくろう》」という代表者の肩書きも存在しています。藩では、馬喰に馬喰札を交付することによって営業を公認する代わりに、馬喰運上《うんじょう》（馬喰の営業税）を徴収しました。この馬喰運上の徴収は村を単位に行なわれており、藩は村単位に馬喰を統括していました。その一方で藩は、立馬喰を通して馬喰たちを統制するなど、別の統括ルートも併用していたのです。これは、村の一員として村の管轄下にあるとともに、馬喰仲間という独自の同業者組織の一員でもあるという、馬喰の二重の存在形態に照応した統括方式でした。

ところで、この地域では中馬もさかんでした。中馬とは、馬を利用した運送業や運送業者のことです。海もなく、河川交通も一部の地域しか利用できなかった信濃国で発達しました。正規の輸送方式は、宿駅から宿駅へと問屋づたいに荷物をリレーしていく方法でした。中馬はこれに対抗して、荷主から送り先まで直行したのです。当初は、物流界の異端児として登場した中馬でしたが、宿駅との数次の争論を経て、領主からも公認された存在となっていきました。

中馬稼ぎを行なう者も、馬喰同様、百姓身分でした。農業その他の稼業と兼業で、中馬稼ぎを行なっていたのです。中馬稼ぎをする者が多い御射山神戸《みさやまごうど》村では、村のなかに中馬仲間がつくられ、文政四（一八二一）年には、博打《ばくち》・夜遊びの禁止などを定めた規約を制定しています。中馬稼ぎの者たちは村を越えて結びつき、諏訪郡全域をカバーする中馬仲間をつくりました。さらに伊那《いな》郡・筑摩《ちくま》郡・安曇《あずみ》郡など、信濃国諸郡の中馬たちとも共同して、幕府に訴訟を行なうこともあったのです。

諏訪郡の中馬仲間は、いくつかの組に分かれ、惣代《そうだい》を立て、寄合をもちました。また、寛政《かんせい》三（一七九一）年には、諏訪郡村々の村役人との間で、不法・不正行為の禁止など一六か条の取り決めを行なっています。中馬仲間は規約を定め、違反者は除名という制裁規定をもち、村を越えた同業者集団として、独自の組織を確立していたのです。

ここで、中馬仲間の組織構造の一端を示す事件を紹介しましょう。

文久元（一八六一）年一月、中馬惣代交替の件で争論が起こりました。諏訪郡の中馬仲間は何組にも分かれていましたが、境筋《さかいすじ》（現、富士見町域一帯）では、立沢村・乙事村など一〇か村が組合をつくっていました。この境筋組合においてはいつの頃からか、芋之木村と烏帽子新田《えぼししんでん》の両村からのみ、中馬惣代を出すことになっていました。

他の村々はこれに不満で、相談のうえ、中馬惣代は組合村々で順番に務めたいと、芋之木村・烏帽子新田に掛け合いました。しかし話はまとまらず、争論になって藩の法廷にもち込まれました。その後示談となり、文久元年には、芋之木・烏帽子新田両村から各一人、他の組合村々から一人、計三人の惣代を出し、翌年からは組合村々が順番で惣代を務めることが定められました。八か村側の主張が通ったのです。組合村々の一つ・瀬沢新田《せさわしんでん》では、村役人が訴訟費用のうち金一〇〇疋《ひき》（＝金一分）を見舞いとして出し、あとは中馬稼ぎの者（利右衛門《りえもん》一人と思われる）が出金しました。

馬喰と同じく、中馬も村と中馬仲間への両属形態をとっていました。新規に中馬開業の許可を藩に願う場合、願書を差し出すのは村役人でした。馬喰と同様、村が新規参入者の身元を保証していたのです。中馬は村の管理下にありました。また、中馬惣代が村々の中馬に連絡をまわす際には、村から村へと廻状《かいじょう》をまわし、各村の村役人から、その村に住む中馬に連絡してもらうこともありました。藩から村々への御触《おふれ》の伝達と同じルートで、中馬仲間どうしの連絡網が存在していたというわけです。

藩は、中馬に中馬札《ちゅうまふだ》（営業許可の鑑札）を交付して営業を公認し、札をもたない人の中馬稼ぎを禁じるとともに、札を交付された人からは運上（営業税）を徴収していました。藩は、中馬が年貢米輸送や商品流通において重要な役割を果たしていたことから、中馬稼ぎを重視しました。

文政一〇（一八二七）年には、中馬をめぐる訴訟費用の半額を村々の高割（村の石高に応じた負担）とし、三〇パーセントを中馬の負担、残る二〇パーセントを休み馬（当時中馬稼ぎに使われていなかった農耕馬）所持者に賦課することとしました。これでは、中馬稼ぎをしていない村人にも、高割や休み馬への賦課のかたちで訴訟費用の少なからぬ部分が転嫁されることになってしまいます。村人たちが中馬による商品流通の恩恵を被っていることを考慮に入れても、藩の中馬優遇の姿勢は明らかでした。

もちろん、これに対しては村々から、石高や休み馬への入用賦課はやめてほしいとの嘆願書が出されています。

村を越えた同業者組織の成熟

江戸時代後期の村々では、商品経済の発展、商品流通の展開にともない、馬喰・中馬など農業以外の稼業に携わる人が増加しました。彼らは百姓身分であり、村の土地を所持して農業を営む、村の構成員です。彼らは村の管理下にありましたが、他方、村を越えて同業者組織をつくり、独自の利益を追求する存在でもありました。藩に運上を上納し、引き替えに藩から鑑札を交付されました。それによって藩に営業を保証され、彼らのつくる仲間組織も藩に公認されていました。しかし藩は、仲間組織を通してだけでなく、村を通しても彼らを統制しています。藩はまた、彼らの仲間の訴訟費用を村に負担させようとすることもありました。

彼らは、馬の売買や商品輸送などによって、村人の生活を支えていました。しかし、ときには訴訟費用の負担方法などをめぐり、村と対立することもありました。馬喰・中馬の仲間組織の形成は、当時の商品生産・流通の発展が基礎となっています。それゆえ藩にも村にも認められていたのです。それでも、彼らが村から遊離して、専業者集団化することはありませんでした。百姓身分のまま農業などにも携わる、村の構成員であり続けたのです。いくら発展したといっても、商品経済の比重は今ほど高くはありませんでしたし、藩の統制策に規定されてもいたからです。

村や家によりいくらか違いはあったとしても、彼らの存在形態は、総じて村と同業者集団とに両属していたといっていいでしょう。そして江戸時代後期になると、こうした特質的な存在形態はこの地域のみならず、全国的に見られるようになるのです。江戸時代もとりわけ後期になると、農業とそれ以外の生業を兼営する村人が、広範に現れてきました。村に住むのは農民だと決めつけることはいよいよできなくなったのです。村人が農業以外の生業に依存する度合いはしだいに強まっていきましたし、同業者組織もしだいに確立していきました。

しかし、いまだ同業者組織の形成にいたらない場合も少なくはなく、形成されたとしても領主や村・地域社会から公認されていない場合もありました。馬喰・中馬のように公認の同業者組織をつくった場合でも、そのメンバーは同業者組織だけに専属するのではなく、村と農業にも生産と生活、両方の基盤を置くことが多かったのです。このように、農業と他の職業を兼ね、村と同業者集団の双方に帰属するような人々が増えてきたことは、江戸時代後期の村社会を特色づけているといえるでしょう。

彼らが形成していった、村を越えたネットワーク＝同業者組織は、地域結合の一つの型を示しています。村のなかから生まれた人々が、村を構成単位とする村連合＝組合村とも異なり、宗教者や被差別民が形成していた独自の結合関係とも異なる、新たな結びつきを形成していったというわけです。

最後に、二点補足しておきましょう。

第一に、中馬稼ぎは、藩から鑑札をもらった者が自身で行なうとは限らなかったということです。当地域でもっとも中馬稼ぎがさかんだった御射山神戸村の場合を見ると、実際の中馬の存在形態はさまざまでした。鑑札はもらっているが馬をもたず借りた馬で中馬稼ぎをしている人や、自分の馬で中馬稼ぎをしているが鑑札はもらっていない人、鑑札も馬ももたず他人から鑑札と馬を借りて稼いでいる人などです。

つまり、中馬稼ぎが鑑札の交付によって藩から公認されたことで、鑑札は貸借可能な権利化＝株化したといえるでしょう。鑑札を交付された人と、実際に中馬稼ぎをする人とが分離しはじめたのです。したがって、藩の掌握している中馬と実際のそれとは、必ずしも一致していませんでした。また、札請人《ふだうけにん》（鑑札を交付された人）自体、必ずしも上層の人とは限りませんでしたが、鑑札なしで中馬稼ぎをする人はより下層の人が多かった点も見逃せません。鑑札も馬も借りる場合であれば、元手さえ要りません。彼らはほとんど、日雇いや奉公稼ぎと差がなかったものと思われます。鑑札の貸借によって、中馬稼ぎはより下層の、より多くの村人が携わる生業となっていったのです。

第二に、中馬稼ぎをテコに経済的に上昇する人が現れますが、それは必ずしも、中馬稼ぎの拡大・専業化にはつながりませんでした。むしろ得られた富を、所持地の拡大のために投下する例も見られるのです。ここからも、中馬稼ぎの盛行が、即稼ぎ人の村からの離脱につながらなかった背景を読みとることができるでしょう。

集団による「場」の所有

江戸時代においては、宗教者・職人・商人・被差別民たちも、それぞれに集団（仲間組織）を形成し、自らの生業と生活を守っていました。彼らは皆、生業や宗教活動を展開するために、一定の空間的範囲を必要としました。

たとえば職人なら、一定の地域内に一定数の得意先を確保していなければ、営業を維持できません。こうした一定の空間的範囲は、縄張り、テリトリー、あるいは「場」と呼んでもよいもので、江戸時代には檀那場《だんなば》、得意場《とくいば》、職場、勧進場《かんじんば》などといわれていました。「場」の範囲をめぐっては、常に同業者間で争い（縄張り争い）が生じる可能性があります。それを調整・調停するのが、集団の重要な機能でした。

こうした「場」の所有は、百姓や武士の土地所有とは位相を異にしますが、一定の地理的空間を対象とした所有であることに変わりはありません。江戸時代における所有の問題を考えるうえでは、やはり重要な意味をもっているのです。組合村や百姓たちのさまざまな地域的結合と一部重なりながら、それとは相対的に独自に、諸身分・諸集団による「場」の所有が存在していたのです。所有論としては、他にも、都市部における土地所有、職人の道具や漁民の漁具のような道具所有、動産所有、特殊技術や芸能など身体的能力の所有など、さまざまなレベルの所有を視野に入れていくことが必要でしょう。

地域社会を考える際には、これらの相互関係を解明していくことが重要です。

第一一章　村はどう変わっていったのか

現代社会に比べれば変化のスピードは遅いものの、江戸時代の村は確実に変わっていきました。本章では、一八世紀後半以降における変化をいくつかの側面から見てみましょう。

商品・貨幣経済の浸透

まず経済面では、自給経済から商品・貨幣経済へという大きな流れがありました。江戸時代は当初から、ある程度の商品・貨幣経済の展開を前提としていましたが、時代を下るにつれて、これはますます農村に浸透していきました。百姓たちは、市場向けに高く売れる作物を栽培し（商業的農業）、また農産加工業や商業・サービス業など多様な生業に携わることで、貨幣収入を増やし、生活を豊かにしていったのです。加工業や商業の発展といえば都市で起こったことと思われがちですが、けっしてそれだけではありません。村に住む百姓たちこそ、非農業生産の重要な担い手だったのです。

たとえば、上総国《かずさ》の東部地域では、棉《わた》の栽培と綿布の生産がさかんになりました（本書では、植物は棉、糸や布は綿と使い分けています）。当地の綿布は丈夫だったため、「上総木綿」といわれて江戸などでも重宝されました。一種のブランド品となったわけです。房総《ぼうそう》地方（現、千葉県）は、全国的に見れば幕末まで自給生産の比重の高い地域でしたが、それでも江戸時代後期には各地に特産物が生まれ、それらは商品として流通していったのです。もちろんその背景には、房総が江戸という巨大消費市場に近かったということもあったでしょう。江戸における需要が、百姓たちの生産意欲を刺激したのです。

こうして全国的に有名となった特産品には、出羽国《でわのくに》村山《むらやま》郡（現、山形県の村山地方）の紅花、河内国《かわちのくに》（現、大阪府）の木綿、阿波国《あわのくに》（現、徳島県）の藍《あい》などがあげられます。特産品生産の場としては、田よりも畑が重要な役割を果たしましたが、河内国では田を畑に変えてまで棉の栽培面積を増やしました。各地で生まれた特産品生産は、在来産業として近代にも受け継がれていくのです。

ところで、村々には大工・左官・木挽《こびき》・屋根葺《やねふき》・畳屋・桶屋《おけ》・石工《いしく》・髪結《かみゆい》などの職人や、酒屋・荒物屋・穀屋・古着屋・菓子屋など、多様な商人（在郷商人）も住んでいました。一七世紀から職人や商人はいましたが、一八世紀以降その数は増加していきます。年季奉公に出る人や、日雇い稼ぎで生活の資を得る人も増えました。街道沿いの村であれば、交通・運輸労働に携わる人もいれば、旅人相手の飲食業や宿泊業を営む人もいました。

やがて各地では、在郷町《ざいごうまち》（在方町《ざいかたまち》）など、都市・町場の発展が見られるようになりました。農村から町場に変化した村が、自らを周囲の農村から差異化するために、「村」から「町」への名称変更を求めることもありました。在郷町では、三斎市《さんさいいち》（月に三回開かれる定期市）・六斎市などの市が開かれたり、常設店舗が置かれたりします。つまり、周辺地域における商業・流通上の結節点でもあるのです。在郷町は、地域社会の性格を考えるうえでも重要なポイントだといえるでしょう。

ただし、後述するように、農村の都市化や農民の脱農化を一面的に強調することは、正しくありません。

行きづまる土地重視の税制

では、百姓たちはなぜ、加工業や商業に進出していったのでしょうか。江戸など都市部での需要が拡大したからというのが一つの理由ですが、それだけではありません。

実は、江戸時代の税制自体にも理由があったのです。

周防《すおう》・長門国《ながとのくに》（現、山口県）の場合を見ると、天保年間《てんぽう》（一八三〇〜四四）において、総生産高の五二パーセントが農業生産高、四八パーセントが非農業生産高（林産・海産を含む）となっています。一九世紀には、非農業生産が農業生産に迫る勢いで発展していたのです。ところが生産に対する年貢率を見ると、農業には四七パーセントの年貢が課されたのに対し、非農業については二パーセント以下となっています。百姓にとっては、生産物の半分近くを年貢に取られてしまう農業に比べ、農業以外の生業に従事するほうが、税制上圧倒的に有利だったというわけです。

江戸時代の税制の特徴は、土地に賦課する年貢の比重が圧倒的だったということです。土地こそがすべての富の源泉である、という思想に立脚していたのです。市場経済が相対的に未発達だった江戸時代初期には、これも根拠のあったシステムだったといえるでしょう。しかし非農業生産の発展を把握できないまま、一九世紀には領主の財政悪化の根本原因と化していったのです。

幕府や大名もこれに気づかなかったわけではなく、運上・冥加《みょうが》など、非農業部門への課税を進めました。それでも農業部門と比べれば、負担の圧倒的な軽さは変わりません。富裕者へ個別・臨時に御用金を賦課することもありましたが、それもまた抜本的な解決策とはなりませんでした。庶民の所得を全体として正確に把握し、それに課税するということは、近代国家の重要な宿題として残されたというわけです。江戸時代の百姓たちが、非農業部門に進出していった背景には、こうした事情があったのです。

成熟する庶民文化と広がりゆく格差

では、商業的農業や非農業生産の発展の結果、村にはどのような変化が起こったのでしょうか。

まず、百姓たちの生活水準は、全体として大きく向上しました。村の神社の祭礼は華やかになり、そこでは村人たち自身によって歌舞伎が演じられたり、相撲が行なわれたりしました。

村人たちが、遠くまで旅をする機会も増えました。房総からも多くの人々が、伊勢《いせ》神宮などの神社仏閣や出羽三山、富士山などの霊山へ出かけていきました。同じ信仰をもつ人が集まって講という組織をつくり、村で信仰活動を行なうとともに、参詣《さんけい》の旅費を積み立てて、メンバーが交替で参詣の旅に出るということもありました。村方文書のなかに、旅日記が見つかることがよくあります。旅日記に限らず村人がつけた日記は、その日常生活や意識を知るうえで貴重な史料です。

慶応元《けいおう》（一八六五）年、上総国《かずさのくに》天羽《あまは》郡岩坂《いわさか》村（現、千葉県富津《ふっつ》市）では、村人が出羽国湯殿山《ゆどのさん》（月山《がっさん》・羽黒山《はぐろさん》とともに出羽三山の一つ）に参詣した際に持ち帰った種籾《たねもみ》が栽培されています。寺社参詣が信仰・娯楽だけでなく、農業生産とも関連し、東北から房総への品種の伝播《でんぱ》の契機となっていたのです。旅は、さまざまな意味において、学習の機会でもありました。こうした旅の盛行にともない、地域にある神社仏閣や霊山を名所化して広く宣伝し、全国各地から旅行者を呼びこむことによって、地域の活性化を図ったところもありました。

村人のなかには、読書に親しむ人や、自ら俳諧《はいかい》・和歌・漢詩をつくる人、生け花などを楽しむ人も現れました。農書から農業技術を習得する人や、儒学・国学などを学んで自分なりの世界観を身につける人もいました。『論語』などは、上層百姓たちの常識となりつつありました。ただ、こうした生活・文化水準の向上や娯楽の多様化を、領主は「奢《おご》り」「奢侈《しゃし》」と認識し、禁圧の対象とすることもありました。

もっとも、すべての百姓が同じように、このような変化を享受できたわけではありません。自給的農業に比べ、商業的農業は豊凶の波が激しく、加工業・製造業、それに商業も、物価や景気の変動によって損失を被ることが少なくありません。借り入れた経営資金が返済できず、没落していく人もいました。市場経済が発展していくなかで大きく成長していく人と、市場経済の波に乗りきれずに経営を悪化させる人とに、明暗が分かれていったのです。

このように、百姓内部の階層差が拡大していくことを「農民層分解の進行」といいます。ここでは、全体として見た場合の生活水準の向上と、個々の百姓を見た場合の運命の明暗との、両方をおさえておくことが必要です。現代社会を見ても、全体的には生活水準が向上する一方で、格差社会と呼ばれるように貧富の差はむしろ拡大しています。これと似た現象が、江戸時代後期にも起こっていたのです。北関東（下野《しもつけの》国《くに》・常陸国《ひたちのくに》など）では、村全体が人口減少と荒れ地の増大に悩む、農村荒廃現象も見られました。

村方文書のなかでは、「借用申金子之事《しやくようもうすきんすのこと》」などといった柱書《はしらがき》（事書《ことがき》、文書の冒頭の定型的な文言）をもつ金子借用証文（借金証文）や、「差出申質地証文之事《さしだしもうすしつちしようもんのこと》」などではじまる質地証文を頻繁に目にします。これは、百姓間で貨幣や土地の権利が頻繁に移動していたことを物語ります。名主は「質地奥印帳《しつちおくいんちよう》」などと呼ばれる帳面を作り、村内の土地の移動状況を掌握していました。

一方には、経営を拡大して、地域の有力者に成長していった少数の村人もいました。彼らは村内で多くの土地を所持し、さらに他村にも所持地を拡大していきました。所持地の一部は自分の家族や奉公人・日雇いを使って耕作しましたが、とてもすべては耕作できません。彼らは所持地の過半を小作に出し、小作料を受け取りました。また、農産加工業・金融業（金貸し）・商業・製造業（酒造など）のいくつかを、併せ営む場合も少なくありませんでした。彼らの多くは村役人を兼ね、また地域の文化人・知識人としても活躍しました。

こうした、一八世紀以降における地域の有力者を「豪農《ごうのう》」といいます。彼らのなかには、中世以来の土豪《どごう》の系譜を引く人もいれば、市場経済の波にうまく乗り、江戸時代の後半になって擡頭《たいとう》してきた人もいました。豪農は、小作地経営のために「小作米取立帳」、金融活動の記録として「金銀出入帳」、「大福帳」などの帳簿を作成していました。今日でも、豪農の子孫のお宅に、これらを含む多数の古文書が伝わっていることが多いのです。

ひとくちに豪農といっても、一人一人は個性的で、その性格は千差万別です。ただ学問的に見る場合、みんなバラバラだというだけにとどまっていては、その先には進めません。豪農を相互比較することによって、個性的ななかにも共通点を探し、一般化・類型化を図ることが必要です。

類型化の基準としては、たとえば次のような点が考えられます。

①経営内容において、生産者的性格が強いか、地主的性格が強いか。すなわち、自ら直接農業生産の先頭に立っているか、それとも直接の農業生産は小作人任せか。

②所持地が、居住する村の範囲にほぼおさまるか、他村にも広範囲に拡大しているか。

他にもいろいろとあるでしょう。基準は複数あっていいのです。大切なことは、それぞれの基準による類型化を相互に突き合わせ、立体的な豪農像をつくりあげていくということです。

ここでは、私がとりわけ重要だと考える類型化の基準についてお話ししましょう。それは「村や村人に対してどのような態度を取るか」という観点からの類型化です。豪農は、村や地域のなかに住み、地域住民と日々関わり合いつつ暮らしている存在です。村や地域における影響力も、ひときわ大きいものがあります。ですから、豪農が村人たちに対してどう振る舞うかということは、村や村人たちのあり方を大きく左右します。私は、常に一般の村人たちの視点から江戸時代を見ていきたいと思っていますから、豪農を類型化する際にもこうした観点を重視したいのです。

では、この観点からどのような類型を見出《みいだ》せるのでしょうか。

豪農の三類型

①村との共生志向型豪農

このタイプは、活動の基盤を自分の住む村に置き、小百姓（小前《こまえ》・平《ひら》百姓）層の経営の維持・安定に力を注ぎます。それを自己の経営発展の不可欠の前提ととらえ、村落共同体の安定・発展を重視するのです。すなわち、他者の利益あってこそ自己の発展ありと考え、両者を密接不可分のものとして、ともに追求するタイプです。

具体的に見られた行動としては、小作地を一定規模以上に拡大しない、小作料の減免、貸付金の金利を引き下げる、備荒貯穀《びこうちょこく》、貧農への金穀施与、治水事業などへの私財投下、村内への商品作物導入などです。こうしたもろもろの手段により、下層民まで含めた百姓経営の安定と、それにもとづく村落共同体の発展を図りながら、豪農経営の発展を目指したのです。彼らは村落共同体の再建・発展のために自らイニシアティブをとり、村落指導者としての責任を自覚して、経済的負担をはじめとする応分の責任を果たそうとしました。

このタイプの豪農には、儒学・国学を受容することで、自らの社会的責務の自覚を深めようとする人もありました。また、特定の学問を受容せずとも、こうした行動をとる人は大勢いました。彼らの努力により、農民層分解の荒波に呑《の》み込まれずにすんだ小百姓や村は、数多く存在していたのです。

なお、このタイプは、私がこれまで「在村型豪農I」と呼んできたものです。

②自己経営最優先型豪農

このタイプは、自己の経営拡大・利益追求を中心目的とする豪農層です。小前層の経営安定や、村落共同体全体の問題にはあまり関心を払わず、ときには年貢・村入用の不正勘定、入会地の自己所持地への取り込みなどを行なってまで、村落共同体を自己の経営発展のために利用しようとします。

下総《しもうさ》国香取《かとり》郡松沢《まつざわ》村（現、千葉県旭《あさひ》市）の小豪農・宮負定雄《みやおいさだお》は、その著書『民家要術』の「第十五　村長《むらおさ》の巻」において、次のように述べています。

「村長（名主）といえば、ただ年貢を集めて領主に上納することだけが職務だと思いこみ、村の行政はいいかげんに行ない、ただ自分の『利欲』にのみ力を入れて、小百姓たちが無頼・不作法になっていっても、それを教え諭したりせずに放置しておくような、はなはだ『不経済』な名主も多い」（現代語訳）。

彼はこうした「贋《にせ》名主」を色分けし、手厳しく非難しています。たとえば「奢名主」、これは名主顔をさげて小百姓に威張りちらし、衣食住に奢って貧民に施さず、村運営をおろそかにする者です。次の「盗名主」は、名主として多額の給料を取るうえに、代官と馴《な》れ合って年貢や村の諸経費をごまかし、私腹を肥やす者です。他にも、土地帳簿は名主が保管する決まりであることを悪用して帳簿を改竄《かいざん》し、自分が負担すべき年貢を他人に転嫁する「大罪名主」、土地をたくさんもっているだけで、読み書きもできず、ただ金を貯めることだけを考えている「盲名主」などという名前も見られます。

なるほど、当時から自己本位なリーダーが多数いたことがわかります。自己の利益追求をもっぱらとし、村運営には消極的で、貧農層に対しては救済などの配慮をあまりせず、あまつさえ帳簿の改竄や年貢勘定の不正まで行なうような人たちです。小百姓たちは、村方騒動を起こして彼らを糾弾しました。幕末の世直し一揆《いっき》（世直し騒動）において、打ちこわしに遭ったのも彼らでした。ただし、彼らの一部の意識や行動には、旧来の拘束・慣行から脱却して、自由に私的利益を追求しようとする、近代的人間の類型に通じるものを見出すこともできます。

私は従来、このタイプを「在村型豪農II」と呼んできました。

③「草莽《そうもう》の志士」型豪農

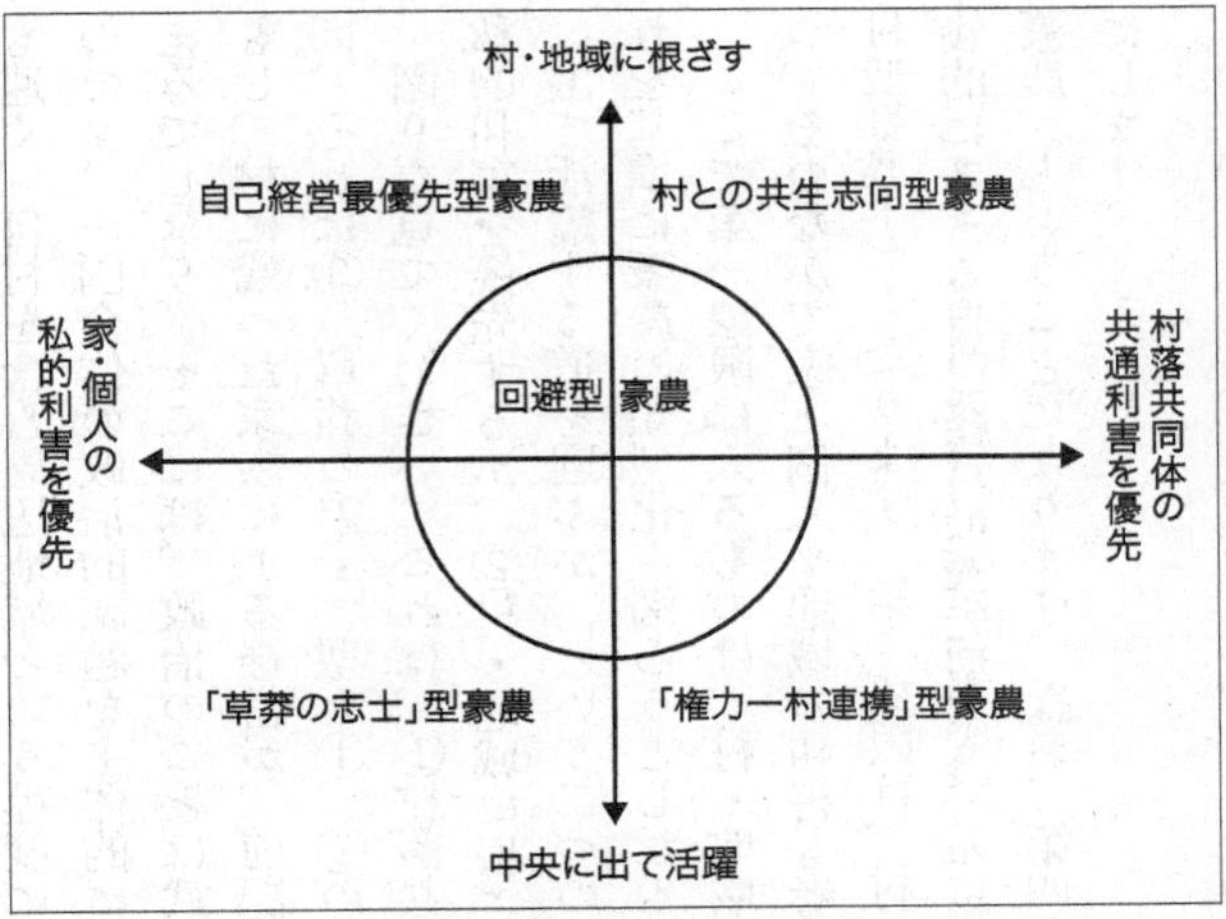

図9　豪農の類型化に関する概念図

このタイプは、幕末期に自村を飛び出して政局に身を投じ、「草莽の志士」として尊王攘夷《そんのうじょうい》運動に奔走したような豪農たちです。彼らは村内において、安定した地位を築いておらず、経営も停滞している場合が少なくありませんでした。そのため、村外での政治的実践活動に飛び込んで、自己の社会的地位を上昇させることにより、村内での地位安定と経営打開を図ろうとしたのです。

すなわち、彼ら「草莽の志士」の行動は、家を離脱した個人プレイとばかりはいえず、家の経営や村・地域の状況と密接な関連をもっていたのです。ただ、彼らの眼は村内よりも遠く、自村を含む周辺地域という程度にとどまらず、より遠くへと向けられていたのです。一国全体の政治的課題を主体的に引き受けようとする、広い視野の獲得といえるでしょう。そこには、政治のことは武士任せだった意識からの転換が見られます。もし、村に残った家族による経営が、前記①、②のいずれかのタイプに該当するならば、それは③「草莽の志士」型と①、②の複合型ということになります。

図9を見てください。これは、①村落共同体の共通利害を優先するか／家・個人の私的利害を優先するか、②村・地域に根ざす立場をとるか／中央（京都・江戸など）に出て活躍する道を選ぶか、という二つの座標軸をとり、四つの象限を設定して、それを基準に豪農の類型化を図ろうとしたものです。

ここで第一象限に入るものは、村・地域にあって村落共同体の共通利害を重視しつつ、そのなかで家・個人や地域の利害も考えて行動する、村との共生志向型豪農（在村型豪農Ⅰ）となります。第二象限は、村・地域にありつつ、家・自己の利害を第一義的に考える自己経営最優先型豪農（在村型豪農Ⅱ）。第三象限が「草莽の志士」型豪農、ということになります。なお、第四象限については「おわりに」で述べることにします。

以上の類型化は、個々の豪農の性格を、豪農層全体のなかに位置づけて理解する際の基準とするものです。したがって、すべての豪農がこの三類型のどれかにきれいに当てはまるというものではありません。中間的な性格の豪農もいれば、取り立てて特徴のない、目立たない豪農もいたでしょう。同じ豪農でも、時期によって性格が変化することもありえます。おしなべて、人は白か黒かに分けられるほど単純ではありません。歴史学における類型化の試みは、それを前提としていることを肝に銘じてほしいと思います。

基本はあくまでも農業

豪農が経営を発展させていく一方で、大多数の一般百姓（小前層）たちは、市場経済の荒波のなかで、自らの経営を維持・発展させるべく努力を続けていました。

豪農が所持地を拡大していくということは、他方に土地を手放す百姓が大勢いたということでもあります。手放した人の多くは小前百姓でした。しかし彼らの多くは、土地の所持権を手放してもすぐに村を出て行きはしませんでした。引き続き小作人としてその土地の耕作を続けるとともに、いつか所持権を取り戻すことを目指していたのです。

また、農産加工業や商業などが有利だからといって、農業を捨てて、そちらに専業化するという道も選びませんでした。経営のなかで、農業以外の生業が占める比重を徐々に増加させながらも、一定程度の農業生産は継続していたのです（一時的に農業をやめることはありましたが）。

小前層の経営は家族経営でした。家族の労働力を、個々の成員ごとに、あるいは季節ごとに、農業とそれ以外の生業に計画的に配分することによって、経営の維持・発展を目指していました。たとえば、家長は農業を行ない、妻は機《はた》を織って綿布を生産し、成長した子供たちは村の外へ奉公に出て給金を稼ぐといった具合です。豪雪地帯における冬期の出稼ぎも、その一例です。江戸時代の村における諸産業の発展は、農業と対立し、それを駆逐するかたちで進んだのではなく、小前層の経営のなかで農業と深く結びつきつつ進んでいったのです。

もちろん、これがすべてではありません。小前層の一部は土地を手放して村を去り、都市に移住しましたし、村にいても農業をまったくしない者もいました。百姓のなかに、土地や村に縛られない新しいタイプの人間類型が現れてきたことは、重視する必要があります。

彼らは町場など生活しやすいところに移住して、農業以外の稼ぎで暮らしていくことを厭《いと》いませんでした。しかし、それはまだ少数に留《とど》まっていました。また、村を離れた者の土地を、一族・親類などが引き受けて耕作し、離村者が村に戻りやすい条件を整えている場合も少なくありませんでした。

では、小前百姓たちは、なぜ税制上不利な農業を完全に放棄して、有利な非農業部門に専業化しなかったのでしょうか。そこには、いくつかの理由がありました。

第一に、非農業部門が発展したといっても、それのみをもって、多くの百姓が村で生きていくことはまだ無理でした。

第二に、より積極的な理由として、農業に対する百姓たちの労働観があげられます。端的にいえば、けっして多くはない所持地からできるだけ多くの収穫をあげるために、骨身を惜しまず勤勉に働くべきだという考え方です。

百姓たちは、朝暗いうちから日が暮れるまで長時間の重労働に耐え、品種改良や肥培管理などの農業技術に工夫を凝らしました。二毛作や輪作《りんさく》（地力維持や病虫害防除のために、異なる作物を周期的に栽培すること）など、土地利用の高度化も進みました。そうした努力の跡を示す証拠として、村方文書のなかに百姓自身がつけた詳細な農事日誌が残っていることがあります。

百姓たちは労働集約的な方向で、生産力を発展させる道を選択しました。百姓たちは、勤勉に働き、先祖代々家に伝わる所持地を最大限活用することによって経営を維持・発展させ、その結果として、家産としての土地をつつがなく子孫に伝えていくことを、生き甲斐《がい》としていたのです。日本人の美徳として「勤勉」がよくあげられますが、原始以来変わらずそうだったわけではありません。それは江戸時代の百姓たちが、自ら選び取った道だったのです。百姓たちにとって、儲《もう》かるからといって先祖伝来の土地と農業を捨てることは、考えられないことでした。だからこそ、農業とそれ以外の諸生業とを組み合わせて、経営を維持・発展させる道を選んだのです。

第三に、村や地域社会が、こうした百姓たちの志向を下支えする役割を果たしていたことがあげられます。一軒の家が所持地を荒らしたり、勝手に村を出て行ったりすることは、それだけで村全体に悪影響をおよぼします。村は、村の人口と耕地の生態系を守るために、さまざまな努力を惜しみませんでした。

村人の家で跡継ぎを決めるときなども、村中の承認が必要でした。村全体のためにプラスになるような相続者が求められたのです。親子喧嘩《げんか》や夫婦喧嘩も、家の内部で解決できない場合は、村役人などが調停に乗り出しました。こうしたあり方は、現代の私たちからすると、プライバシーのかけらもない煩わしい生活に見えます。しかし江戸時代において家と村を平和かつ安定的に永続していくためには、必要だったのです。今日の価値観にもとづいて単純に善悪を論じることはできません。

前述したように、村は割地《わりち》を実施することで、村人が土地を喪失することを防いでいました。また、無年季的質地請戻し慣行の効力を保証することで、いったん手放した土地でも取り戻しやすい環境をつくっていました。村全体として、農業継続に必要な人的・物的環境の維持に努めていたのです。

第四に、領主が、百姓は農耕を専一に励むのがあるべき姿だとして、商業をはじめとする非農業的生業を抑制したことがあげられます（農本主義、抑商主義）。この方針は、実際には貫徹しませんでしたが、それでも一定の効果はありました。

以上の諸要因、とりわけ、第二、第三の要因によって、多くの百姓たちは農業を手放すことなく幕末に至ったというわけです。

百姓たちは、一九世紀には、①質に入れた土地の請戻し、②小作料の減免、小作権の確保、③村役人の不正追及と村政改革、などを豪農・村役人に要求し、場合によっては村方騒動をたたかうことによって、主体的・能動的に所持地を確保し、農業を継続しようと努めていたのです。

村における文化の発展

ここまでは経済的発展についてお話ししてきましたが、江戸時代には、文化面においても顕著な発展が見られました。

たとえば村のなかに、俳諧などをつくって楽しむ人々が生まれてきました。ただし、受容する文化は階層によって違いがありました。幅広い階層に受容されたのは、俳諧・書道・生け花などです。これに対して、和歌・漢詩や儒学・国学などの学問は、高い知識・教養が求められることもあって、相対的に限定された人々の間で受け入れられました。

このなかで、もっとも広く普及したのは俳諧です。俳諧は、同好者がサークル（江戸時代には、これを「連《れん》」といいました）をつくって、集団で楽しんだところに特色があります。定期的に連で集まって句を詠み、ときにはその句を額に記して寺社に奉納したりしました（句額）。

房総地域では、毎月テーマを決めて不特定多数の人から句を募集し、集まった句を江戸の宗匠《そうしょう》（俳諧の指導者）に送って採点してもらい、高得点の句を発表するとともに、その作者には景品を贈るという企画がさかんに行なわれています（月並句合《つきなみくあわせ》の興行）。俳諧にもいくつかの師弟関係の系列がありましたが、村々の愛好者たちも、どの宗匠の指導を受けるかによって、いずれかの系列に属するようになっていきました。

ここでまた、上総国長柄《ながら》郡本小轡《ほんこぐつわ》村（現、千葉県茂原《もばら》市）の場合を見てみましょう。同村で代々名主を務めたのは藤乗《とうじょう》家ですが、一九世紀の同家の当主に勘左衛門《かんざえもん》という人がいました。彼は、数え年で七歳（満六歳、文政《ぶんせい》一二〈一八二九〉年）のときから、父について読み書きの勉強をはじめています。さらに算術や儒学など、より高度な学習を積み重ねていきました。

勘左衛門は、長じて名主として村運営を担うかたわら、弘化《こうか》三（一八四六）年以降、俳諧に親しむようになりました。人に学問を教わる段階から、一人で読書して教養を高める段階を経て、自ら句をつくるという文化的創作活動を開始するにいたったのです。俳号は景文《けいぶん》といいました。彼の俳諧の師は、千町《せんちょう》村（現、千葉県茂原市）の橘《たちばなきん》金波《ぱ》です。金波は東上総に広く門人をもっていました。

景文はしだいに実力を認められ、安政《あんせい》元（一八五四）年頃から、周辺村々の連より句の採点を依頼されるようになりました。今の通信添削に近いといえるでしょう。地方レベルとはいえ、景文も宗匠の一人になったのです。指導を受ける立場から、指導する立場に上昇したわけです。周辺の連からの採点依頼は、月に二、三度、年間三〇回前後にもおよんでいます。名主としての公務や家業の指揮、寺子屋師匠としての教育活動のかたわら、文化面でも精力的に活動していたのです。

農村文化人の特徴は、文化活動に専業化することなく、家業（生業）と文化活動をバランスよく両立させていたところにありましたが、景文の俳諧も、まさにそのようなものでした。

ところで、彼に採点を依頼してきた村々は、三〇か村にもおよんでいます。本小轡村を中心に、半径一〇数キロメートル前後の範囲にもなるのです。つまり、景文を中心に地域の小文化圏が形成されていたといえるでしょう。これも地域結合の一つのあり方です。こうした地域的ネットワークを通じて、俳諧はもとより、さまざまな情報交換が行なわれました。

藤乗家のような上層百姓は、村を越えて他村の百姓とも政治的・経済的なつながりをもち、また婚姻関係などを通じて相互に結びついていました。俳諧などの文化的交流もそうしたネットワークの一つであり、他のネットワークとも重なり合い、互いに関係しつつ、藤乗家の社会関係の重要な一環をなしていたのです。

安政五（一八五八）年以降、陸奥国《むつのくに》二本松《ほんまつ》藩丹羽《にわ》氏が、幕府から富津《ふっつ》（現、千葉県富津市）にある台場（砲台）の警備を命じられて、家臣を富津に派遣しました。慶応元（一八六五）年、家臣が周辺村々を巡察したときの記録には、上総国望陀《もうだ》郡高柳《たかやなぎ》村（現、千葉県木更津市《きさらづ》）の名主宅に、多くの蔵書と掛け軸があったことが記されています。また、上総国天羽《あまは》郡不入斗《いりやまず》村（現、富津市）では、名主・組頭から、所蔵する刀剣類を見せてもらっています。なかには三〇〇両も出して買ったものもあったそうです。百姓が多数の刀剣を所持していることに、家臣の側は何の違和感も示していません。ここからは、豪農が多数の書物や美術品を収集している様子がうかがえます。刀狩によって武装解除された百姓というイメージからは程遠いといえるでしょう。

文化圏の広がりとともに、その深まりも重要です。安政五（一八五八）年、本小轡村の鎮守御崎《みさき》神社に、橘金波らが選んだ五〇句ほどの句が奉納され、後に絹地へきれいに清書されました。本小轡村からは、景文を含む九人が句を寄せています。彼らはみな、俳号を名乗っていました。他にも、本小轡村の三人がこの奉納に関わっていますので、関係者は計一二人となります。天保九（一八三八）年の本小轡村の戸数は三四戸でしたから、一二人というのは全戸の三分の一以上からの参加ということになり、かなりの割合です。俳諧は、村のなかに深く根をおろしていたのです。

従来の日本文学研究では、こうした農村の俳諧は芸術的レベルの低いものとして、あまり重視されてきませんでした。文学的水準からすれば、そうした評価も成り立つのかもしれません。しかし、村や地域の歴史を掘り起こす立場から見れば、村人たちが農作業の合い間に詠んだこれらの句は、江戸時代の庶民の文化水準の高さを示す、かけがえのない史料です。百姓たちが、農作業の合い間に、日に焼けた無骨な手で筆を舐《な》め舐め句をひねり、ペンネーム（俳号）を使って月並句合に投稿していた姿を想像するのは、実に愉快ではありませんか。百姓たちの文化生活は、私たちの想像以上に豊かだったといえるでしょう。

本小轡村をはじめとする房総地域で俳諧がさかんになった理由の一つに、江戸との交流がありました。江戸が近いため、何かの用事で江戸に出たときにはついでに俳諧関係の書籍を買ってくるなど、何かと便利だったのです。そればかりか、多くの江戸の俳人たちが房総各地に廻《まわ》ってきたので、村人たちは、彼らとじかに交流することができました。こうして江戸の文化を吸収していったのです。

景文のもとにも江戸から頻繁に俳人が訪れ、数日逗留《とうりゅう》しては句会を催したり、句の指導をしたりしています。彼らはいくばくかの謝礼を受け取り、また旅立っていきました。俳人たちにとっても、房総行脚《あんぎゃ》は生活の資を得るための手段として重要だったのです。もちろん村人の側も、彼らを進んで受け入れました。いずれにしても、房総における俳諧の隆盛は、江戸との交流が大きな契機となっていたのです。

以上見たように、江戸時代後期の村は、ゆるやかに、しかし確実に変化しつつありました。村に残る文書からは、その変化の姿をさまざまに読み取ることができます。

おわりに――近代への展望

新たな共同性と公共性の模索

最後に、近代への展望に関するいくつかの点をお話しして、まとめに代えたいと思います。まず、「共同性と公共性」の問題に、改めて触れておきましょう。

江戸時代においては、幕府・領主などと並んで、村や組合村も「公」的性格をもっていました(「公」の重層性)。ただし、当時の「公」は、近代以降の公共性と同義ではありません。そもそも、日本における「公」の語はオオヤケ、すなわち大きな家を意味しており、万人に開かれた公共性を意味するものではなかったのです。また、公と私が密接していたことも、近代以降と大きく異なる点でした。

また、村落共同体における共同性の限界も、忘れてはいけません。というのも、公共性実現のためには、克服すべき二点の課題があったからです。一つは外部に対する閉鎖性・排他性、もう一つは内部に対する差別・序列化（女性・傍系親族・水呑《みずのみ》に対する差別・序列化など）です。そのうち、組合村の多様な展開には、前者の問題を克服しようとする芽を見出《みいだ》すことができます。しかし、その組合村にも限界がありました。個人ではなく村を単位としているという点や、組合村の内と外にわたり、やはり一定の排他性・差別性を帯びていた点などです。

江戸時代を俯瞰《ふかん》すれば、村の内部では村方騒動などを経て運営の「民主化」が進展し、村落の「自治」も実質化していきました。これは、村落共同体を基礎とした「自治」の発展といえるでしょう。同時に、共同体のもつ諸機能は、分化・拡散の度合いを強めていきました。しかし一方では、村民の教育・医療・商品生産など、各方面にわたる新しい要求に応《こた》えて、共同体が新たな機能を発揮する側面も見られます。こうした多様な動向のなかで、生産面から生活面へと共同性の重心を移しつつ、村は近代を迎えることになるのです。

現時点から未来の公共性を議論するにあたっては、江戸時代の村落共同体とその外に広がる地域社会とが、近代以降どのように変容しつつ今日にいたったのか、丹念に跡づけることが重要です。同じ「公共性」でも、共同体の共同性から生じるものと、共同体の狭隘《きょうあい》さなり限界なりを否定または克服して生まれる公共性、この両者が密接に関連しつつ展開する歴史過程を、解明する必要があるのです。

今日でも、「公共」の名のもとに、私企業の過剰な利潤追求や、産官癒着の問題が絶えないことを思えば、「共同性と公共性」の問題は、重要な現代的課題であり続けているといえるのではないでしょうか。

幕末維新期の村落共同体と豪農

近代への移行期において、村落共同体と豪農はいかなる歴史的展開を見せていたのでしょう。

第五章で見た武蔵《むさし》国大里《おおさと》郡大麻生《おおあそう》村（現、埼玉県熊谷《くまがや》市）では、村人の合意のもとで入会地を分割し、桑畑を造成して養蚕業に乗り出していきました。幕末維新期においては、村落共同体による土地管理が個々の村人の経済活動の障害となるどころか、むしろ村落共同体による調整機能のもとで商品生産を展開していったのです。ここには、村の土地管理機能を媒介に養蚕業が発達し、一方では養蚕業の発展と地租改正などの新政策によって共同体機能が弱化していくという、複雑な変化の過程が示されています。

つまり、村落共同体は近代化（商品生産の発展）を阻害したのではなく、むしろ自らの機能低下をともないつつも、商品生産と下からの近代化を媒介していたというわけです。たとえていえば、村落共同体とは卵の殻のようなものです。はじめは中の雛《ひな》（小前層）をしっかりと保護し、孵化《ふか》する段階すなわち小前層の自立性が高まってくると、割れて雛を外の世界に出してやるのです。

幕末維新期の小前層は、村落共同体に依拠して商品生産発展の波に対応しようとしました。村落共同体は、近代への移行期においてもなお、村人たちにとって重要な存在だったのです。江戸時代後期における荒廃農村復興の指導者として有名な二宮尊徳《にのみやそんとく》や大原幽学《おおはらゆうがく》の仕法も、村落共同体に依拠して育《はぐく》まれた村人たちの知恵を体系化し、発展させたという側面がありました。

では、この時期、豪農はどうしていたでしょうか？

村との共生志向型豪農は、近代に入っても地方の名望家として、村や地域で重要な役割を果たしました。自己経営最優先型豪農は、村落共同体の規制が緩くなったこともあって、いっそう所有地を拡大し、寄生地主化する者も現れます。

また、近代に入ると、近世以上に国家の機関・政策が村・地域に浸透してくるとともに、村・地域から県や国に出仕する人も増え、村と国との相互関係が密になってきます。そのため、村を離れて、なおかつ村や地域のためにはたらこうとする豪農が出てきます。図9（二三二頁）でいえば第四象限に入る人たちです。とりあえずこれを、「権力―村連携」型豪農と呼んでおきましょう。これは、「草莽《そうもう》の志士」型豪農の発展型ともいえます。県や国の官吏としてはたらくなかで、村や地域の利益を追求しようとする人たちが増えてきたことは、近代における特徴的な変化なのではないでしょうか。

近代にはさらに、以上のいずれの類型にも区分しづらい豪農たちも増えてきます。図9の座標軸の交点周辺に位置する人たちであり、ここでは仮に回避型豪農と呼んでおきます。政治・経済・社会の変化にうまく対応できずに、右往左往したり、立ちすくんでしまったり、自分の殻に閉じこもったり、といった感じでしょうか。このタイプは近世から存在しましたが、近代に入って、明治政府が豪農層に、負担・義務に見合う十分な権限・権威と存在意義を保障できなかったため、いっそう顕在化することになりました。

このように、明治期の豪農層については、近世からの連続と変化の両側面からとらえることができます。

近代的土地所有権の誕生

最後に、本書で一貫して重視してきた土地所有についてはどのような変化があったのか、振り返っておきたいと思います。

江戸時代における百姓の耕地・屋敷地の所持は、近代的土地所有とは異なる特質をもっていました。まず、土地は幕府・領主との重層的関係のもとにあり、絶対的・排他的所有ではありませんでした。また、契約文書の文言より慣行が優先される場合があり、「契約の絶対性」が貫かれていませんでした。所持の主体の多くは家・村落共同体のような集団であり、個人的所有権は弱かったという点など、近代・現代の所有とは大きく違う点が少なくなかったのです。江戸時代後期には、地主・豪農層を中心に、近代的土地所有につながる考え方も芽生えていましたが、いまだ支配的にはなりえませんでした。

日本における近代的土地所有権は、明治政府により、上から設定されたという性格が強いものでした。江戸時代の土地所有関係に対して、地券交付・地租改正を通じた近代的土地所有権の実現は、甚大な影響をおよぼしました。個人の排他的な土地所有権を認定することによって、村内の土地各種の有機的な結びつきを切断し、従来の個別所持地のもつ共同地的性格、「村の土地は村のもの」を否定したのです。

地租改正の実施と、明治一六（一八八三）年以降に続発した困民党《こんみんとう》事件をはじめとする負債農民騒擾《ふさいのうみんそうじょう》の沈静化を経て、土地所有のあり方は大きく変わりました。困民党事件後も、農民の間から、近世的な土地所持意識がすっかり消えてしまったわけではありません。ただ、それは弱体化し、近代的な土地所有観念が優勢になったことも否定できません。その意味で、地租改正と困民党事件は、農民の土地所有に関して、近世と近代を分かつ大きな画期でした。以後、明治二〇（一八八七）年の登記法施行、同二二年の地券廃止・土地台帳規則制定と、近代的土地所有権は急激に整備されていったのです。

その過程で、村は、土地の共同所有を本質とする村落共同体という性格を弱めていきました。村落共同体としては、変質・解体していったといえるでしょう。しかし、村がなくなるわけではなく、村人たちの共同性も、江戸時代のそれを部分的に継承しつつ、新たな内容のものに変わっていくことになるのです。

日本の村落共同体の殻は、雛の成長によって割れたというより、ヒビが入った段階で、外からの力によって割られたというべきかもしれません。二〇世紀の農民たちは、村落共同体段階とは異なる村のなかで、新たな共同性と公共性を模索していったのです。

それでも、江戸時代の村落共同体で培われた人々の心性は、今の私たちにも受け継がれています。二一世紀になっても、村人たちの行動様式は、社会の随所に息づいているのです。

江戸時代の村を、そのまま現代に再生させることは不可能です。江戸時代の村には克服すべきマイナス面もあり、村人たちのエゴイズムの衝突も起こりました。にもかかわらず、そこには先人たちが苦闘のなかで築きあげた豊穣《ほうじょう》な世界がありました。

現在、私的欲望の野放図な解放は、生態系の破壊や資源の枯渇のみならず、人類の生存まで脅かすにいたりました。転じて江戸時代を見れば、村落共同体は村域内のすみずみまで責任をもち、結果として環境保護や資源の保全という機能を担っていました。つまり、村は土地の共同所有にもとづき、村人の生を担保していたのです。

これは私たちの先祖の貴重な達成として、繰り返し思い起こされるべきでしょう。

《参考文献》※古文書調査の方法・基礎知識がわかる文献には★を、くずし字解読のテキストには☆を末尾に付した

青木歳幸『在村蘭学の研究』思文閣出版、一九九八年
青木美智男『文化文政期の民衆と文化』文化書房博文社、一九八五年
油井宏子『古文書はこんなに面白い』柏書房、二〇〇五年☆
同『古文書はこんなに魅力的』柏書房、二〇〇六年☆
同『江戸が大好きになる古文書』柏書房、二〇〇七年☆
同『古文書はじめの一歩』柏書房、二〇〇八年☆
阿部謹也『「世間」とは何か』講談社、一九九五年
池上裕子『戦国時代社会構造の研究』校倉書房、一九九九年
石川松太郎『藩校と寺子屋』教育社、一九七八年
磯田道史『武士の家計簿』新潮社、二〇〇三年
大塚英二『日本近世農村金融史の研究』校倉書房、一九九六年
大藤修『近世農民と家・村・国家』吉川弘文館、一九九六年
同『近世の村と生活文化』吉川弘文館、二〇〇一年
落合延孝『幕末民衆の情報世界』有志舎、二〇〇六年
加藤時男「東上総における幕末の月並俳諧流行の実態」『千葉県史研究』第七号別冊、一

九九九年
神谷智『近世における百姓の土地所有』校倉書房、二〇〇〇年
鬼頭宏『日本の歴史19　文明としての江戸システム』講談社、二〇〇二年
木村礎『近世の村』教育社、一九八〇年
同『村の語る日本の歴史　近世編1』そしえて、一九八三年
同『村の語る日本の歴史　近世編2』そしえて、一九八三年
木村礎・林英夫編『地方史研究の新方法』八木書店、二〇〇〇年★
久留島浩『近世幕領の行政と組合村』東京大学出版会、二〇〇二年
国文学研究資料館史料館編『史料の整理と管理』岩波書店、一九八八年★
同編『アーカイブズの科学』上・下、柏書房、二〇〇三年★
児玉幸多ほか編『古文書調査ハンドブック』吉川弘文館、一九八三年★
児玉幸多『近世農民生活史　新版』吉川弘文館、二〇〇六年
後藤雅知・斎藤善之・高埜利彦・塚田孝・原直史・森下徹・横田冬彦・吉田伸之編『身分的周縁と近世社会』全9巻、吉川弘文館、二〇〇六～二〇〇八年
佐々木潤之介『世直し』岩波書店、一九七九年
佐藤孝之『駆込寺と村社会』吉川弘文館、二〇〇六年
白川部達夫『日本近世の村と百姓的世界』校倉書房、一九九四年
杉仁『近世の地域と在村文化』吉川弘文館、二〇〇一年

杉本史子『領域支配の展開と近世』山川出版社、一九九九年
高橋敏『江戸の教育力』筑摩書房、二〇〇七年
谷本雅之『日本における在来的経済発展と織物業』名古屋大学出版会、一九九八年
谷山正道『近世民衆運動の展開』高科書店、一九九四年
地方史研究協議会編『近世地方史研究入門』岩波書店、一九五五年★
同編『新版　地方史研究必携』岩波書店、一九八五年★
冨善一敏「近世村落における文書整理・管理について」『記録と史料』二、一九九一年
中村吉治『日本の村落共同体　増補版』ジャパン・パブリッシャーズ、一九七七年
中村文「村と医療」『歴史学研究』六三九、一九九二年
西川俊作『江戸時代のポリティカル・エコノミー』日本評論社、一九七九年
日本歴史学会編『概説古文書学　近世編』吉川弘文館、一九八九年
丹羽邦男『土地問題の起源』平凡社、一九八九年
速水融『近世日本の経済社会』麗澤大学出版会、二〇〇三年
平川新『紛争と世論』東京大学出版会、一九九六年
平野哲也『江戸時代村社会の存立構造』御茶の水書房、二〇〇四年
深谷克己『百姓成立』塙書房、一九九三年
福田アジオ『近世村落と現代民俗』吉川弘文館、二〇〇二年
藤木久志『村と領主の戦国世界』東京大学出版会、一九九七年

富士見町編『富士見町史　上巻』富士見町教育委員会、一九九一年
舟橋明宏「養蚕業の発達と村落共同体」、渡辺尚志編『近代移行期の名望家と地域・国家』名著出版、二〇〇六年
古川貞雄『増補　村の遊び日』農山漁村文化協会、二〇〇三年
宮崎克則『大名権力と走り者の研究』校倉書房、一九九五年
宮本常一『忘れられた日本人』岩波書店、一九八四年
森安彦『古文書が語る近世村人の一生』平凡社、一九九四年☆
同『古文書を読もう』講談社、二〇〇三年☆
守田志郎『日本の村』農山漁村文化協会、二〇〇三年
守屋毅『村芝居』平凡社、一九八八年
矢澤（松井）洋子「近世村落と村財政」『史学雑誌』九四―一〇、一九八五年
藪田貫『国訴と百姓一揆の研究』校倉書房、一九九二年
山崎圭『近世幕領地域社会の研究』校倉書房、二〇〇五年
吉田伸之ほか『詳説　日本史』山川出版社、二〇〇二年
渡辺尚志『近世の豪農と村落共同体』東京大学出版会、一九九四年
同『江戸時代の村人たち』山川出版社、一九九七年
同『近世村落の特質と展開』校倉書房、一九九八年
同『遠くて近い江戸の村』崙書房出版、二〇〇四年

同『豪農・村落共同体と地域社会』柏書房、二〇〇七年
同『惣百姓と近世村落』岩田書院、二〇〇七年
同『近世の村落と地域社会』塙書房、二〇〇七年
同『百姓たちの江戸時代』筑摩書房（ちくまプリマー新書）、二〇〇九年
同編『近世地域社会論』岩田書院、一九九九年
同編『藩地域の構造と変容』岩田書院、二〇〇五年

あとがき

私が江戸時代について勉強しようと思った大学生の時、先輩から「村については、これだけは読んでおけ」と言って教えられたのが、児玉幸多『近世農民生活史』(吉川弘文館、初版一九五七年)と、地方史研究協議会編『近世地方史研究入門』(岩波書店、一九五五年)でした。今も私の手元にある両書には、当時私が重要語句を覚えるために引いたマーカーの跡が随所に薄く残っていて、二〇歳の初心に引き戻されます。その後、木村礎氏の『近世の村』(教育社、一九八〇年)、『村の語る日本の歴史　近世編1』(そしえて、一九八三年)、『村の語る日本の歴史　近世編2』(そしえて、一九八三年)が相次いで出版され、これら五冊は今も折にふれては立ち帰る原点となっています。

あれから数十年の月日が流れ、牛歩の歩みながらいくばくかの研究を積み重ねてきました。その間、特定の村や地域に焦点を定めて、その個性を平易に述べたものとしては、『江戸時代の村人たち』(山川出版社、一九九七年)や『遠くて近い江戸の村』

(冨書房出版、二〇〇四年)などがあります。これらに対しては、「江戸時代の村について、より一般的に述べてほしい」とか、「これまでの研究のエッセンスを簡潔にまとめてほしい」といったご意見をいただきました。これに少しでも応えるべく執筆したのが本書です。

本書では読みやすさを優先したため、多くの先行研究を参照させていただいたにもかかわらず、本文中にはそれをほとんど註記していません。巻末の参考文献も、刊行書を中心に一部を掲載したにすぎません。この点、先行研究の著者の方々に深くお詫《わ》びします。

本書に関連してより多くの文献を参照したいという方は、参考文献にあげた私の他の著書をご覧になり、その註にあげられた著書・論文に当たっていただければ幸いです。また、より具体的に村のすがたを知りたいという方は、私の前記二冊の本をご覧下さい。

本書では、もっと述べたかったことがいろいろあります。とりわけ、家の中の諸個人―性別・年齢・身分など多様な―の人生について十分描けなかったことは心残りです。しかし、最終的には、人より村に焦点を絞り、あれもこれもと詰め込みすぎないようにしました。また、一般的な説明と個別具体的事例とのバランス、基本的事項の解説と自説の積極的主張との兼ね合いなどについても悩みました。結局本書のようなかたちに落ち着きましたが、これでよかったかどうかは今も自信がありません。

本書は、二〇〇七年五月に千葉の老舗書店である多田屋本社で開催した「古文書からわかる上総の村」と題した講座がきっかけとなって生まれました。そして、同年一二月に大阪大学で行なった集中講義の際に作った原稿が元になっています。その折たいへん貴重な意見をいただいた院生・学生の皆さんに感謝します。二〇〇七年度の一橋大学の授業でも、本書に関わるテーマで院生・学生の皆さんに報告してもらい、参考にさせてもらいました。また、編集にあたっては、くのりつこさんと柏書房の小代渉さんにたいへんお世話になりました。本書が少しでも親しみやすいものになっているとすれば、それはすべてお二人のおかげです。厚くお礼申し上げます。

本書を「中間まとめ」とし、いただいたご意見・ご批判をふまえて、江戸時代の社会をさらに深く広く探求していきたいと思います。

二〇〇八年四月

渡辺尚志

文庫版あとがき

このたび、『百姓の力』を角川ソフィア文庫の一冊に加えていただくことになり、たいへん嬉《うれ》しく思っています。江戸時代の村についての私の考えは初版以降基本的には変わっていないため、文庫版の内容も初版とほとんど変わっていません。ただ、この間の研究の進展をふまえて若干の修正をほどこすとともに、読みやすいように表現をいくらか改めました。

二〇〇八年五月に初版を出してから七年半があっという間に過ぎました。初版の「あとがき」に記した、拙著『江戸時代の村人たち』や『遠くて近い江戸の村』は現在では絶版になっており、図書館や古書店等でしか見られません。やはり、七年半というのは、それなりに長い年月なのでしょう。

ただ、私もその間無為に過ごしていたわけではなく、『百姓たちの江戸時代』(筑摩書房〈ちくまプリマー新書〉、二〇〇九年)や『近世百姓の底力』(敬文舎、二〇一三年)で、江戸時代の村と百姓についてできるだけ多方面から述べてみました。また、

『東西豪農の明治維新』（塙書房、二〇〇九年）、『百姓たちの幕末維新』（草思社、二〇一二年）では幕末維新を、『百姓の主張』（柏書房、二〇〇九年）、『武士に「もの言う」百姓たち』（草思社、二〇一二年）では訴訟と裁判を、『日本人は災害からどう復興したか』（農山漁村文化協会、二〇一三年）では災害を、『百姓たちの水資源戦争』（草思社、二〇一四年）では水資源をそれぞれ切り口にして、村と百姓の実像に迫ろうとしました。

そして、いま振り返ると、それらすべての基礎には『百姓の力』があったことにあらためて思いいたります。本書は、私の村落史研究の一つの集約であるといえるでしょう。

日々が慌ただしく過ぎ、社会が目まぐるしく変化する今日だからこそ、思索の射程を長くのばして、私たちに確かにつながるご先祖様であり、今日の日本の基礎を築いた江戸時代の百姓たちの暮らしを振り返る時間があってもいいのではないでしょうか。彼ら・彼女らの生き方・考え方のなかには、すぐに役立つハウツー物的な知識とは別の次元で、現代を変え未来を拓《ひら》くためのヒントが豊富に含まれているように思います。本書が、江戸時代を見渡す窓の役割を果たせれば、幸いこれに過ぎるものはありません。

文庫版の刊行に際しては、株式会社ＫＡＤＯＫＡＷＡの大林哲也さんにお声がけいただき、また内容の修正についても多くの適切なアドバイスをいただきました。ここに記して厚く御礼申し上げます。

二〇一五年一一月

渡辺尚志

本書は、二〇〇八年五月に柏書房より刊行された『百姓の力——江戸時代から見える日本』を文庫化したものです。

百姓《ひやくしよう》の力《ちから》

江戸時代《えどじだい》から見《み》える日本《にほん》

渡辺尚志《わたなべたかし》

平成27年 12月25日　初版発行
令和7年　4月15日　14版発行

発行者●山下直久

発行●株式会社KADOKAWA
〒102-8177　東京都千代田区富士見2-13-3
電話　0570-002-301(ナビダイヤル)

角川文庫 19520

印刷所●株式会社KADOKAWA
製本所●株式会社KADOKAWA

表紙画●和田三造

●お問い合わせ
https://www.kadokawa.co.jp/（「お問い合わせ」へお進みください）
※内容によっては、お答えできない場合があります。
※サポートは日本国内のみとさせていただきます。
※Japanese text only

ISBN978-4-04-400003-5　C0121

◆◆◆

角川文庫発刊に際して

角川源義

第二次世界大戦の敗北は、軍事力の敗北であった以上に、私たちの若い文化力の敗退であった。私たちの文化が戦争に対して如何に無力であり、単なるあだ花に過ぎなかったかを、私たちは身を以て体験し痛感した。西洋近代文化の摂取にとって、明治以後八十年の歳月は決して短かすぎたとは言えない。にもかかわらず、近代文化の伝統を確立し、自由な批判と柔軟な良識に富む文化層として自らを形成することに私たちは失敗して来た。そしてこれは、各層への文化の普及滲透を任務とする出版人の責任でもあった。

一九四五年以来、私たちは再び振出しに戻り、第一歩から踏み出すことを余儀なくされた。これは大きな不幸ではあるが、反面、これまでの混沌・未熟・歪曲の中にあった我が国の文化に秩序と確たる基礎を齎らすためには絶好の機会でもある。角川書店は、このような祖国の文化的危機にあたり、微力をも顧みず再建の礎石たるべき抱負と決意とをもって出発したが、ここに創立以来の念願を果すべく角川文庫を発刊する。これまで刊行されたあらゆる全集叢書文庫類の長所と短所とを検討し、古今東西の不朽の典籍を、良心的編集のもとに、廉価に、そして書架にふさわしい美本として、多くのひとびとに提供しようとする。しかし私たちは徒らに百科全書的な知識のジレッタントを作ることを目的とせず、あくまで祖国の文化に秩序と再建への道を示し、この文庫を角川書店の栄ある事業として、今後永久に継続発展せしめ、学芸と教養との殿堂として大成せんことを期したい。多くの読書子の愛情ある忠言と支持とによって、この希望と抱負とを完遂せしめられんことを願う。

一九四九年五月三日